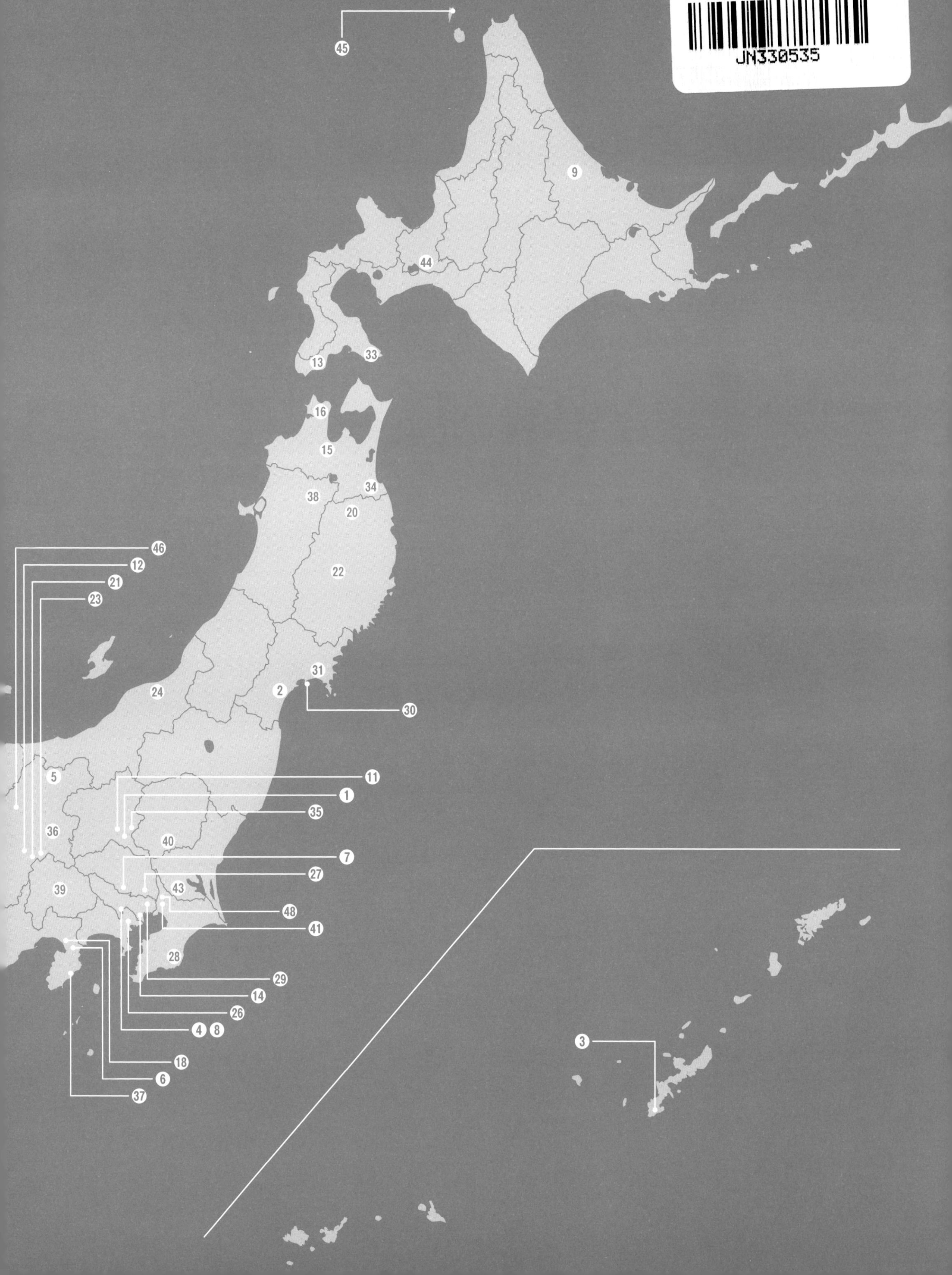
45
9
44
13
33
16
15
38
34
20
46
12
21
22
23
31
24
2
30
5
11
1
35
36
40
7
27
43
39
48
41
28
29
14
26
4
8
18
6
37
3

遺《い》跡《せき》から調《しら》べよう！

1 旧石器・縄文時代

設楽博己…著

童心社

遺跡から調べよう！ ❶ 旧石器・縄文時代 もくじ

はじめに

設楽 博己
したら ひろみ

考古学とは

〈考古学《こうこがく》〉というと、映画『インディ・ジョーンズ』、〈考古学者《こうこがくしゃ》〉といえば、主人公《しゅじんこう》のジョーンズ博士を思い起こす人が多いのではないでしょうか。1～3作が1989年までにつくられ、その後しばらくして第4作が2008年に封切《ふうき》られましたが、いまだに根強い人気の映画シリーズです。過去《かこ》の秘宝《ひほう》を求め、大陸《たいりく》をまたにかけて活躍《かつやく》するジョーンズ博士と、秘宝をねらう悪者がおりなすスペクタクルは、見るものを未知《みち》の領域《りょういき》へといざない、ハラハラドキドキします。

ずいぶん前になりますが、テレビの洋画劇場《ようがげきじょう》で放映《ほうえい》されていた『刑《けい》事《じ》コロンボ』も人気《にんき》のドラマでした。こちらは考古学者ではありませんが、奥さんに頭の上がらない、よれよれのコートを着た刑事が犯人《はんにん》をつきとめて犯行《はんこう》の謎《なぞ》を解《と》くストーリーでした。ワインの味の変化から、犯人を追いつめていく「別れのワイン」などはすごく人気があり、くりかえし放送されました。私はどちらかというと、考古学者のジョーンズ博士よりも、コロンボ刑事のほうが実際の考古学者に近いような気がします。刑事さんと考古学者の仕事をくらべてみましょう。

刑事さんの仕事

刑事さんが、まず出かけて調査《ちょうさ》をおこなうのが、①「犯行現場《はんこうげんば》」です。そこには被害者《ひがいしゃ》や犯人、犯行にかかわるさまざまな情報《じょうほう》が残されています。それらを収集《しゅうしゅう》して証拠《しょうこ》を集め、犯行の分析《ぶんせき》をする手がかりとします。そこで②「遺留品《いりゅうひん》」の捜査《そうさ》をおこないますが、それは精緻《せいち》を極《きわ》めます。時にマス目《め》に網《あみ》が張《は》られ、それぞれの区画《くかく》に残っていたさまざまなもの

を回収《かいしゅう》しますが、遺留品の位置関係が犯行の状況《じょうきょう》を復元《ふくげん》する手がかりとなるからでしょう。指紋《しもん》も遺留品のひとつです。

回収された遺留品は③「鑑識《かんしき》」に回されて、科学的な分析がおこなわれます。指紋の同定《どうてい》には、コンピューターの画像解析《がぞうかいせき》ソフト、データベースが活躍《かつやく》します。遺体《いたい》は解剖《かいぼう》され、胃《い》の検査《けんさ》で死因《しいん》や死亡時刻《しぼうじこく》が推定《すいてい》されます。

被害者の家族構成《こうせい》や友人などの縁故関係《えんこかんけい》、つまり人びとの④「社会的関係」の追跡《ついせき》から容疑者《ようぎしゃ》を割《わ》り出す手がかりを得《え》ます。ＤＮＡ《ディーエヌエー》分析が威力《いりょく》を発揮《はっき》することもあるでしょう。アリバイという⑤「時間的な整《せい》合性《ごうせい》」を追跡《ついせき》して、犯行時に容疑者が現場にいた可能性の範囲《はんい》をしぼりこんでいきます。そして被害者と容疑者、それをとりまく人びとの社会的な地位《ちい》や状況などもふまえて、犯行の⑥「動機《どうき》」をさぐり、犯行の必然性《ひつぜんせい》を推定《すいてい》していくのです。

考古学者の仕事

考古学者の仕事の舞台《ぶたい》は、①「遺跡《いせき》」です。これは過去の人びとがさまざまな活動をくりひろげた結果、残された〈現場〉です。発掘《はっくつ》調査がそれを明るみに出していく手段《しゅだん》であり、そこで回収される遺留品が②「遺物《いぶつ》」です。遺跡にはグリッドというマス目が組まれ、遺物は出土《しゅつど》した深《ふか》さや位置《いち》を図面《ずめん》や写真に記録して取り上げます。どこからどのように出土したのかが、人びとの生活の有《あ》り様《よう》を描《えが》くのに重要《じゅうよう》な情報になります。場合によっては土ごと持ち帰り、研究室でフルイとシャワーを使って小さなものまで回収します。遺跡に残された遺物はことごとく、犯行現場の遺留品と同様、人びとの大昔の生活をリアルに復元《ふくげん》するのにと

ても貴重《きちょう》なものなのです。

考古学は学際的《がくさいてき》な学問

回収された遺物は、考古学者の手によって復元されます。土器《どき》の破《は》片《へん》は、ジグソーパズルのようにつなぎ合わされてから正確な図面をこさえたり、写真撮影をして、時期《じき》を特定《とくてい》したり型式《けいしき》を同定します。一方《いっぽう》、自然科学者《じぜんかがくしゃ》の手を借《か》りて、さまざまな③「自然科学的分析《じぜんかがくてきぶんせき》」もおこなわれます。たとえば埋葬《まいそう》された人骨《じんこつ》のDNAの分析は、当時の親族組織《しんぞくそしき》や家族のありかたを考える手がかりとなりますし、遺跡の土にふくまれる花粉《かふん》の顕微鏡《けんびきょう》分析の結果は、当時の気候《きこう》を推定して過去の人びとの生活環境を復元するうえでかかすことができません。

人びとの結びつきや自然環境とのかかわりなど、つまり④「社会生活」を明らかにするのが考古学者の重要な仕事の一つです。その際《さい》には、それがいつつくられ、使われたものなのかを明らかにしていくことが大事です。時代がちがえば人びとの生活スタイルも変化する、つまり歴史のなかで生活の営《いとな》みの特徴《とくちょう》をとらえていかなくてはならないからで、土器の文様《もんよう》の変化や、炭素１４年代測定《たんそくじゅうよんねんだいそくてい》などによって⑤「時間的変化」を追いかけます。そして、その変化の理由、つまり人びとが変化を求めた⑥「動機《どうき》」を推測《すいそく》するのが歴史学《れきしがく》の一分野《いちぶんや》としての考古学《こうこがく》の大きな役割となります。

どうでしょうか。ムチをつかって悪党から遺物を回収するジョーンズ博士とはだいぶちがいますよね。①〜⑥を比較すると、考古学者の仕事は、コロンボ刑事の仕事ぶりと似ていることがおわかりでしょう。

つまり考古学とは、宝さがしではなく、人びとの過去《かこ》をさぐり、人び

とが生きてきたその生きざま、それぞれの生活舞台《ぶたい》における取り組みの有《あ》り様《よう》を考えていく学問なのです。考古学は、自然科学者《しぜんかがくしゃ》の大きな力を得ておこなわれる、とても学際的《がくさいてき》な学問であることがおわかりでしょう。それは、人間が自然環境への働《はたら》きかけによって生活してきた生き物であるからにほかならないのです。

過去へのいざない

それでは考古学者が活躍《かつやく》する舞台《ぶたい》〈遺跡《いせき》〉に、これからみなさんと出かけることにします。そして、そこで働いている考古学者の仕事ぶりと、過去の人びとの生活をさぐるための材料《ざいりょう》である遺物《いぶつ》の数々、そしてそこから探《さぐ》り出したことをいっしょに見ていきたいと思います。

旧石器時代とは

日本でもっとも古い文化《ぶんか》は旧石器《きゅうせっき》文化です。およそ4万年前、日本列島は大陸《たいりく》とほぼつながった状態《じょうたい》でした。とても寒い時代で、海が凍《こお》りつき、海面《かいめん》が現在より数百mも低かったのです。大陸からはナウマンゾウやマンモスなど、今では絶滅《ぜつめつ》してしまった大形の獣《けもの》がわたってきましたが、それを追いかけるようにして人びとが日本列島に入ってきました。

その頃の人たちは動物を追いかける移動《いどう》生活をしていましたが、使っている道具は石器《せっき》を中心としていました。それも打《う》ち欠《か》いた石器〈打《だ》製《せい》石器〉であり、まだ全体をみがいた石器〈磨製《ませい》石器〉は登場していません。磨製石器はおよそ1万年前に現れます。ヨーロッパでは人類《じんるい》の時代をわけるのに、打ち欠いただけの石器の時代を旧石器時代、みが

いた石器の時代を新石器時代とよびわけることにしました。

現在、日本列島のいたるところで1万か所以上も、旧石器時代の遺跡は知られるようになりました。およそ4万年前から1万5,000年前まで、日本の旧石器時代は続きましたが、その間の石器の変化によって、どのように移《うつ》り変わってきたか探られています。また、石器づくりの跡《あと》を探《さぐ》ったり、石器がどのようにつくられたのか綿密《めんみつ》に調べることによって、旧石器時代の人びとの行動にまでせまる研究《けんきゅう》もなされています。動物を解体《かいたい》した遺跡、人骨が見つかった遺跡など、13か所のいろいろな旧石器時代の遺跡を紹介《しょうかい》することにします。

縄文時代とは

縄 文《じょうもん》時代は土器《どき》をさかんにつくり使いました。また、大形動物が絶《ぜつ》滅《めつ》し、イノシシやシカなどを、矢《や》じりをつけた弓矢《ゆみや》でしとめることも始まります。およそ1万5,000年前の土器と矢じりの使用《しよう》の開始《かいし》が、縄文時代の始まりです。およそ3,000年前に水田《すいでん》でイネをつくる技術《ぎじゅつ》が朝鮮《ちょうせん》半島《はんとう》から伝わります。それによって弥生《やよい》時代が始まります。旧石器時代と弥生時代の間の、採 集 狩猟《さいしゅうしゅりょう》をおもな生活とする時代が縄文時代です。

縄文時代は1万年以上もの長い間続きました。その間を草創期《そうそうき》、早《そう》期《き》、前期《ぜんき》、中期《ちゅうき》、後期《こうき》、晩期《ばんき》の6つにわけています。およそ1万2,000年前になると、地球全体がどんどんと暖かくなってゆき、およそ7,000年前の早期～前期は今よりも暖かくなりました。植物も、亜寒帯《あかんたい》の針葉《しんよう》樹《じゅ》や草原《そうげん》の植物から落葉広葉樹《らくようこうようじゅ》などの植物へと変化します。クリ、クルミ、ドングリ類《るい》などとても栄養価《えいようか》の高い植物の森林によりそうような生活、

つまり定住《ていじゅう》生活が開始されました。それが、旧石器時代の移動生活との大きなちがいです。

温暖《おんだん》な気候《きこう》は、人口《じんこう》の増加《ぞうか》ももたらしました。人口が増《ふ》えればムラは大きくなり、ムラのなか、あるいはムラとムラの間、さらに遠くの地域《ちいき》との間にいろいろな取り決めごとができてきます。まつりはそのための重要《じゅうよう》な機会《きかい》として発達《はったつ》しました。

温暖化によって海が内湾《ないわん》に入りこんでくると、魚や貝などをさかんにとるようになりました。それらの食べカスや道具のかけらを捨《す》ててできたのが貝塚《かいづか》です。これも旧石器時代にはなかった、縄文時代を特徴《とくちょう》づける暮《く》らしの一コマです。

弥生時代のような本格的《ほんかくてき》な農耕《のうこう》はおこなっていませんでしたが、クリの木を管理《かんり》して大粒《おおつぶ》のクリをつくっていたり、ダイズなどを栽培《さいばい》していることなども出土《しゅつど》した種実《しゅじつ》からわかります。

このように、縄文時代は採集狩猟を基本《きほん》としながら定住生活を始めたことで、社会がとても複雑《ふくざつ》な内容《ないよう》をおびていった時代だということができます。ここでは、37か所の縄文時代のさまざまな遺跡を紹介することにします。

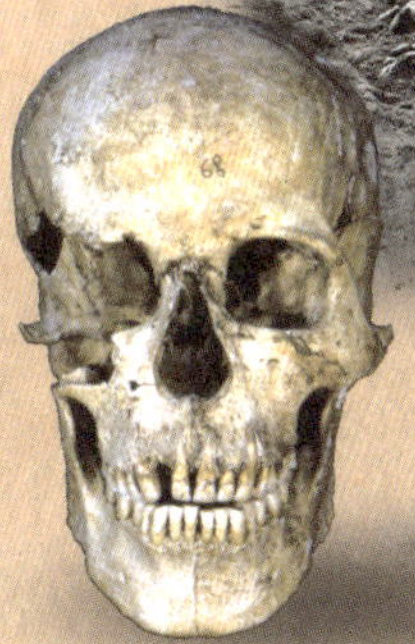

まずは1万年以上前の、気の遠くなるような昔の旧石器時代、そして、自然環境にうまい具合《ぐあい》に適応《てきおう》して定住生活に入った縄文時代へと、タイムトラベルしましょう。

岩宿《いわじゅく》遺跡 群馬県みどり市

日本《にほん》にも旧石器時代《きゅうせっきじだい》があることがわかった

アジア・太平洋戦争《たいへいようせんそう》が終わって間《ま》もなく、群馬県笠懸村《ぐんまけんかさがけむら》（現在はみどり市笠懸町）の岩宿の周辺《しゅうへん》を、いつも自転車を押《お》しながら見回っている人がいました。その人の名前は相澤忠洋《あいざわただひろ》、観察《かんさつ》していたのは赤土《あかつち》の露頭《ろとう》です。

相澤さんは、海軍《かいぐん》から復員《ふくいん》して行商《ぎょうしょう》をしながら独学《どくがく》で考古学《こうこがく》を勉強していました。1946 年（昭和 21）の秋、岩宿の赤土のなかから黒曜石《こくようせき》の小さな石片《せっぺん》を見つけます。1947 年（昭和 22）には、キャサリン台風が過ぎ去《さ》ったあと、赤土のなかからさらに石片を十数個見つけました。ふつうなら土器《どき》もいっしょに見つかるのですが、それはまったくありません。そして 1949 年（昭和24）7月、ついに完全《かんぜん》な石器《せっき》を見つけます。半透《はんとう》明《めい》な黒曜石でできた、それはみごとな槍先《やりさき》でした。

赤土というのは関東《かんとう》ローム層《そう》という火山《かざん》灰《ばい》が混《ま》じった粘土層《ねんどそう》です。相澤さんは考古学の本をよく読んで、ヨーロッパには旧石器時代という土器のない古い時代のあること、その時代には細石器《さいせっき》という細かい石器をもちいていたこと、日本列島はその時代は火山の活動が活発《かっぱつ》で、とても人が住める状態《じょうたい》ではないとされていたことなどを学んでいました。ところが、赤土のなかから土器をともなわずに石片が出て、その石片は細石器に似《に》ているぞ、と感じていたところ、槍先の発見となったのです。先入観《せんにゅうかん》にとらわれない、相澤さんの大発見でした。

相澤さんはそのことを、明治《めいじ》大学で考古学を学んでいた芹沢長介《せりざわちょうすけ》さんに打ち明けます。そして明治大学の杉原荘介《すぎはらそうすけ》さんとともに発掘調査《はっくつちょうさ》を計画し、1949 年 9月11日、岩宿遺跡にスコップが振《ふ》りおろされたのです。

発掘は崖面《がけめん》を掘《ほ》り進《すす》めるかたちでおこなわれましたが、終了間際《しゅうりょうまぎわ》、深《ふか》いところまで掘り進んでいた杉原さんの移植《いしょく》ごてにカチリという音がしました。それは握《にぎ》り槌《づち》（打製《だせい》石斧《せきふ》）でした。日本列島に旧石器時代が存《そん》

1949年7月、相澤さんが発見した黒曜石製の槍先形尖頭器。長さ約7㎝、幅約3㎝。

1946年秋、赤土の中から相澤さんがはじめて発見した石片。右、長さ約2.5㎝。

1949年９月、第1回の発掘調査で石斧が発見されたときのようす。

1949年の発掘調査時のようす。

岩宿Ⅱ文化の石器（約2万年前）。右：長さ7.4㎝。

岩宿Ⅰ文化に属する石器（約3万年前）。左端上下が石斧（上長さ9.9㎝）、上右から3つ目までナイフ形石器、下中央がくさび形石器、下右が削器。

在《ざい》していたことが、名実《めいじつ》ともに明らかになった瞬間《しゅんかん》です。

このときの発掘調査で出土したのは、打製石斧と、ものを切りさくためのスクレイパー（削器《さくき》）、石を打《う》ち割《わ》ったときにできる切片である剥片石《はくへんせっ》器《き》などでした。岩宿遺跡の本《ほん》格的《かくてき》な調査によって、岩宿Ⅰ・Ⅱ・Ⅲという石器の組み合わせの変化が確かめられ、最初の発掘で出土した打製石斧は岩宿Ⅰに属《ぞく》するもっとも古いものであることなどもわかってきました。旧石器時代の遺跡は日本の各地で発掘調査され、今では1万か所以上もみつかっています。岩宿遺跡は、日本のもっとも古い文化をさぐるきっかけとなった、とても重要《じゅうよう》な遺跡です。

［画像提供］
相澤忠洋記念館／明治大学博物館

もっと知りたいキミへ！
岩宿遺跡…群馬県みどり市笠懸町阿佐美1790-1　岩宿博物館

富《とみ》沢《ざわ》遺跡 宮城県仙台市

旧《きゅう》石《せっ》器《き》時《じ》代《だい》の森《しん》林《りん》が発《はっ》掘《くつ》された

大昔の人びとが暮《く》らしていたときの自然《しぜん》環境《かんきょう》は、どのようにしてわかるのでしょうか。まず、地層《ちそう》のなかにふくまれている花粉《かふん》の分析《ぶんせき》によって知ることができます。植物の花粉は、種類《しゅるい》ごとに形がちがっています。地層のなかにモミやトウヒという高山地帯《こうざんちたい》にある植物の花粉が多ければ当時は寒かったということがわかりますし、クリやコナラなどが増《ふ》えてくれば、暖かくなったことがわかります。めったにないことですが、はえていた木が腐《くさ》らずに残っている場合もあり、植物の種類から当時の気候《きこう》がわかる場合もあります。

富沢遺跡は広い範囲《はんい》に木々の根っこが残っていて、およそ20,000年前の旧石器時代の森林であることがわかりました。そればかりではなく、そこで暮らしていた人びとや動物の活動の跡《あと》も残されていたのです。

小学校を建《た》てるために富沢遺跡を発掘《はっくつ》したのは1987年（昭和62）と1988年（昭和63）でした。およそ5,000㎡の調査区《ちょうさく》から、樹木《じゅもく》の根株《ねかぶ》や幹《みき》、枝《えだ》などが生《は》えていたままの状態《じょうたい》で見つかりました。それらはトウヒやグイマツなどの針葉樹《しんようじゅ》で、現在よりも7～8℃低い気温だったことがわかります。シラカンバの葉、トウヒの松ぼっくりなども出土しました。また、珪藻《けいそう》という藻《も》の一種《いっしゅ》やコガネムシの仲間《なかま》の昆虫《こんちゅう》の化石《かせき》から、一帯《いったい》は森林であるとともに湿地《しっち》が広がっていたことがうかがえます。現在の北海道《ほっかいどう》の北部と似《に》たような自然環境《しぜんかんきょう》だったのでしょう。

森のなかのところどころから、黒い粒《つぶ》のかたまりが見つかりました。分析したところ、それは動物の糞《ふん》でした。糞の形や量や中身

木の根が出土したときのようす。マツ科の新種が発見され、「トミザワトウヒ」と命名されました。

［上］2万年前の動物の糞。［下］トミザワトウヒの球果。

クロヒメゲンゴロウの化石。長さ9.2㎜。下は現生標本。

キンスジコガネの化石。長さ11.2㎜。下は現生標本。

エゾオオミズクサハムシの化石。長さ6.1㎜。下は現生標本。

から、動物はシカだったと考えられています。さらに、炭《すみ》がかたまって残されていましたが、顕微鏡《けんびきょう》で調べたところ樹木が焼《や》け焦《こ》げてできたもののようです。炭のまわりにはナイフのような石器《せっき》が散《ち》らばっていました。石器の刃《は》の部分を顕微鏡で調べると、動物の肉を切ったり、皮《かわ》をはいだり、角《つの》を切ったりするときにできやすい傷《きず》あとが残されていることもわかりました。焚《た》き火《び》を中心に、シカなどの獲物《えもの》を石器で解体《かいたい》していたキャンプの跡だったようです。

およそ20,000年前、旧石器時代の富沢遺跡はとても寒い時期《じき》、氷河期《ひょうがき》の真《ま》っただ中にありました。自然の森や湿地のなかで、人びとが狩《か》りをして暮らしていた様子《ようす》が手に取るようにわかります。いま、富沢遺跡には発掘で出土した森林の跡が、ドームのなかにそのまま保存《ほぞん》されています。一度、出かけてみてください。

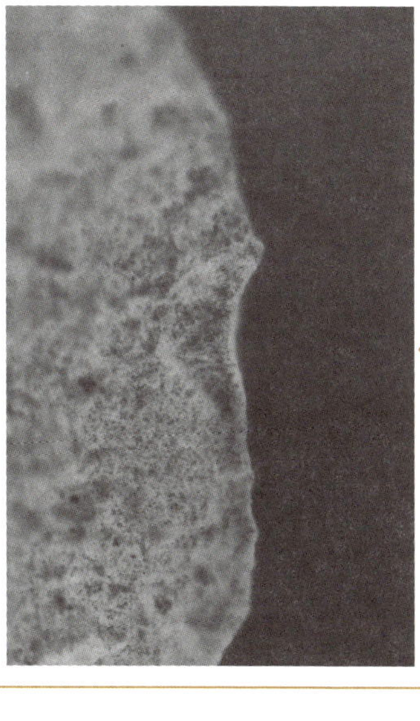

使ったあとがわかる石器。最大長7.35㎝。下は顕微鏡写真。先がなめらかになっています。

[参考]
『地底の森ミュージアム常設展示案内』
仙台市富沢遺跡保存館1996
[画像提供]
仙台市教育委員会

もっと知りたいキミへ!
富沢遺跡…宮城県仙台市太白区長町南4丁目3-1　地底の森ミュージアム（仙台市富沢遺跡保存館）

港《みなと》川《がわ》フィッシャー遺跡 沖縄県島尻郡

約《やく》1万《まん》8,000年《ねん》前《まえ》の人《じん》骨《こつ》が出土《しゅつど》した

日本列島に旧石器時代の遺跡は10,000ヶ所以上あります。これは、ほとんどそのまま石器が出土《しゅつど》した遺跡の数をあらわしています。当然、それをつくり、使った人がいたはずですが、人骨《じんこつ》はほとんど見つかっていません。それは、日本列島が火山国《かざんこく》で、火山灰《かざんばい》により土壌《どじょう》が酸性化《さんせいか》し、骨をとかしてしまうからです。

アジア・太平洋戦争《たいへいようせんそう》以前には、日本列島には旧石器文化がないというのがふつうの意見《いけん》でした。それでも、いく人かの研究者《けんきゅうしゃ》は旧石器時代があったのではないかと考えました。直良信夫《なおらのぶお》さんもその一人で、兵庫《ひょうご》県明石《あかし》の西八木海岸《にしやぎかいがん》から旧石器時代のものらしい石器と人骨をひろいました。人骨は化石化していたので古いものだと直感《ちょっかん》した直良さんは、東京《とうきょう》や京都《きょうと》の研究者に意見を求めますが、あまり相手《あいて》にされませんでした。戦後《せんご》、明石原人《あかしげんじん》としてやはり古い人骨だとされましたが、二転三転《にてんさんてん》した結果、近年《きんねん》の調査《ちょうさ》で縄文《じょうもん》時代よりも新しいという意見が出されるにいたっています。

そのほかにも栃木《とちぎ》県葛生《くずう》、静岡《しずおか》県三ヶ日《みっかび》、愛知《あいち》県牛川《うしかわ》などから出土した人骨が旧石器時代のものだとされて教科書にものっていましたが、再鑑定《さいかんてい》の結果、人骨ではなかったり新しい時代のものだということで、ほとんど教科書から消えていきました。

そのようななかで、静岡の浜北人《はまきたじん》とならび、確かな旧石器時代の人骨とされているのが、港川人《みなとがわじん》です。港川人骨は、沖縄《おきなわ》県の八重瀬町《やえせちょう》にあるフィッシャーという岩のさけ目から大山盛保《おおやませいほ》さんが発見しました。1967年（昭和42）のことです。その後発掘調査《はっくつちょうさ》がなされ、全部で5～9体の化《か》石人骨《せきじんこつ》が見つかりましたが、このうち保存《ほぞん》状態《じょうたい》のよい4体は部分的には欠《か》けていま

港川人骨が発見されたフィッシャー（割れ目）。［右］発掘中の大山盛保さん。

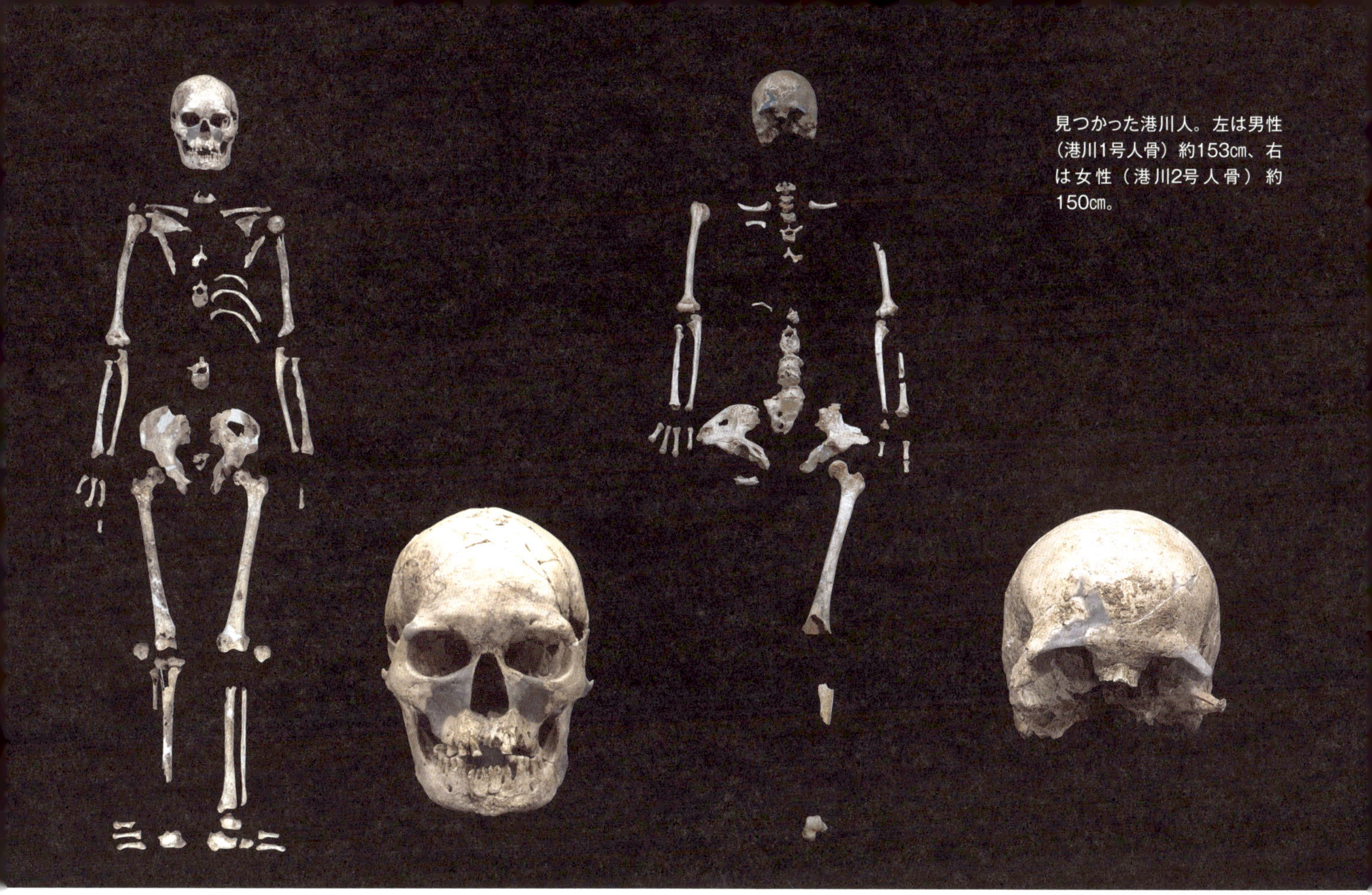

見つかった港川人。左は男性（港川1号人骨）約153cm、右は女性（港川2号人骨）約150cm。

すが、全身の骨が残っていました。年代《ねんだい》を測定《そくてい》したところ、およそ1万8000年前とされています。

1号人骨は成人《せいじん》男性で身長は153cm、2号～4号の成人女性3体の平均《へいきん》身長は143cmです。現代人よりもだいぶ小柄《こがら》ですね。でも手や足の骨は頑丈《がんじょう》で、たくましかったようです。顔は上下に短く、幅《はば》は広めでほほがはっています。眉間《みけん》は突《つ》き出しており、鼻の付《つ》け根《ね》はくぼんでいて、鼻は高かったでしょう。あごは頑丈です。このような特徴《とくちょう》は、中国南部《ちゅうごくなんぶ》の柳江《りゅうこう》遺跡から出土した旧石器人骨に似《に》ているので、南方《なんぽう》との関係が深《ふか》いのではないかといわれています。また、縄文人にも近いので、縄文人のルーツを考える手がかりともされています。

ただ最近、港川人の頭骨《とうこつ》の復元《ふくげん》がやり直されて、縄文人とは少し形質《けいしつ》がちがうということも言われており、まだまだ研究《けんきゅう》の余地《よち》があるようです。

沖縄県は隆起《りゅうき》サンゴ礁《しょう》の島で、豊富《ほうふ》な石灰岩《せっかいがん》の成分《せいぶん》が骨の残りをよくしました。港川人骨もそのおかげで残ったのですが、沖縄県にはそのほか山下町《やました》第一洞穴《だいいちどうけつ》、石垣島《いしがきじま》の白保竿根田原《しらほさおねたばる》洞穴遺跡などで旧石器時代の人骨が発見されており、旧石器人の宝庫《ほうこ》といってよいでしょう。

この遺跡からは絶滅種のリュウキュウムカシキョンの骨も出土しました。［右］リュウキュウムカシキョンの全身骨格標本。体長83cm、体高39cm。［下］現在のキョン。

［参考］
『港川人と旧石器時代の沖縄』沖縄県史ビジュアル版2　沖縄県教育委員会1998
『人類の旅　港川人の来た道』沖縄県立博物館・美術館2007
［画像提供］
沖縄県立博物館・美術館／東京大学総合研究博物館

もっと知りたいキミへ！
港川フィッシャー遺跡…沖縄県島尻郡八重瀬町字具志頭352　八重瀬町立具志頭歴史民俗資料館

西《にし》之《の》台《だい》B《びー》遺跡 東京都小金井市

日《に》本《ほん》でもっとも古《ふる》い旧《きゅう》石《せっ》器《き》

日本列島にはいつ人が現れたのでしょうか。化石人骨《かせきじんこつ》が発見される率《りつ》はとても低いものですから、かれらが残した遺物《いぶつ》—石器《せっき》—で判断《はんだん》するのがよいでしょう。野川《のがわ》遺跡のところでお話しますが、武蔵野台地《むさしのだいち》の旧石器の編年《へんねん》（変化《へんか》の順序《じゅんじょ》）が、全国的な基準《きじゅん》になっています。それによると、第X層《そう》がもっとも古く、それより下の層からは砂《すな》や礫《れき》が出《しゅつ》土《ど》するので洪水《こうずい》にみまわれていたことがわかり、人びとの生活に適《てき》していないことが確かめられています。武蔵野台地に人類《じんるい》が現れたのは、およそ4万年前といってよいでしょう。それは、新人《しんじん》です。

人類は、およそ700万年前にアフリカで誕生《たんじょう》しました。その後、原人《げんじん》、旧人《きゅうじん》がアフリカで生まれ、世界に広まりますが、およそ20万年前にアフリカで誕生したのが、私たち現《げん》代人《だいじん》の直接《ちょくせつ》の祖先《そせん》である新人です。新人はおよそ10万年前にアフリカを出て、世界中に移動《いどう》し定着《ていちゃく》しました。東アジアに現れるのは、およそ5～4万年前とされています。

岩宿《いわじゅく》遺跡の発見で日本列島に旧石器時代があることがわかると、それがどれほど古くまでさかのぼることができるのか、研究《けんきゅう》が始まりました。古そうな石を発掘《はっくつ》して旧石器だと見立てて、旧人、あるいは原人もいたのではないかと考える人もいました。

そうしたなかで、宮城《みやぎ》県の座散乱木《ざざらぎ》で発見された石器が10万年以上前の古さをもつものだ、ということが話題になり、その後も

たたき石。
長さ約16cm。

スクレイパー。ひっかいたり削りとったりする道具です。長さ約5cm。

くさび形石器。
長さ約3cm。

くさび形石器。
長さ約3cm。

礫器。長さ約19cm。

礫器。長さ約18cm。

礫器。長さ約15cm。

さらに古い石器が発掘されます。そして、50万年前にさかのぼる原人も日本列島にいたのではないかとされ、教科書にものりました。しかし、2000年（平成12）にこれらはすべて、後から埋《う》めこんだ石器だったことがわかり、4万年をさかのぼる人類が日本列島にいたのかどうかという問題は、振《ふ》り出《だ》しにもどってしまったのです。

今のところ武蔵野台地でもっとも古いのは、第X層から出土した西之台B遺跡の石器などだとされています。その特徴《とくちょう》は、自《し》然《ぜん》の河原石《かわらいし》の一端《いったん》を打《う》ち欠《か》いただけの礫器《れっき》とよばれる道具と、打ち欠いてできた石片《せっぺん》である剝片《はくへん》を加工《かこう》したかんたんな石器の組み合わせからなっています。これらは東南《とうなん》アジアの旧石器に似《に》ていることから、日本列島の旧石器時代の人びとは南方からわたってきたのだ、という説《せつ》も出されています。

いっぽうで、大分《おおいた》県や愛知《あいち》県、長野《ながの》県、岩手《いわて》県など武蔵野台地以外の日本列島の各地から、4万年より古いとされている石器が見つかっています。しかし、それらはどのようにして出土したのかがわからないものや、本当に石器なのかどうかわからない、自然の石を見まちがえたのではないかとされるものが多く、いまだに議論《ぎろん》が続いています。もし、10万年前くらいの古い石器が日本列島にあるとすれば、それは新人がわたってくる以前ですから、旧人が日本列島にいたことになります。これからの発見と研究が楽しみですね。

［画像提供］
東京都教育委員会／明治大学博物館

もっと知りたいキミへ！
西之台B遺跡…東京都小金井市中町

野《の》尻《じり》湖《こ》遺《い》跡《せき》群《ぐん》 長野県上水内郡

旧《きゅう》石《せっ》器《き》時《じ》代《だい》の狩《しゅ》猟《りょう》・解《かい》体《たい》場《ば》

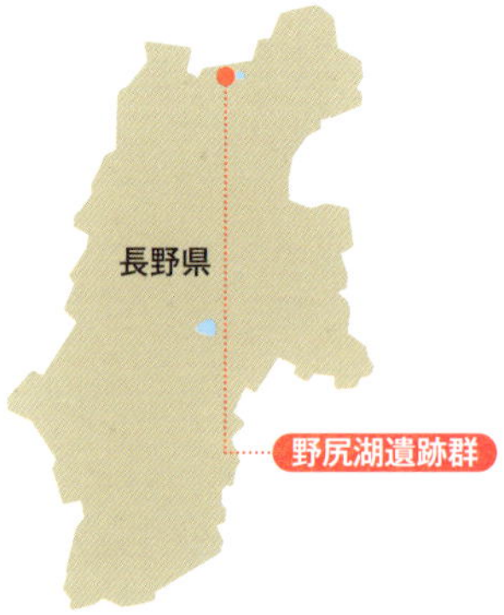

3月になると、長野《ながの》県の野尻湖《のじりこ》に全国から人びとが集まってきます。多いときは、1日1,500人。目的は湖底《こてい》の発掘《はっくつ》です。発掘がはじめられたのは1962年（昭和37）ですから、50年にわたり繰《く》り返《かえ》されてきました。3月が選ばれたのは、渇水期《かっすいき》に下流の発電所《はつでんしょ》が水を落とすので、湖底が見えるようになるからです。3月の長野県北部《ほくぶ》はまだ雪が降《ふ》る日もあり、凍《い》てつくなかでの発掘となることもありました。

加藤松野助《かとうまつのすけ》さんによって、野尻湖の湖岸《こがん》からナウマンゾウの臼歯《きゅうし》が発見されたのは、1948年（昭和23）のことでした。その後も発見は続き、地質学《ちしつがく》の研究者《けんきゅうしゃ》はどうにかしてその出土状況《しゅつどじょうきょう》を確かめ、どれくらい古いものなのか明らかにしたいと願いました。また、湖岸の遺跡では旧石器《きゅうせっき》時代の石器《せっき》が出土していましたから、ナウマンゾウと旧石器文化《でんか》との関係も知りたいことの一つだったのです。

旧石器時代は氷河《ひょうが》の時代です。およそ28,000年から15,000年前に、もっとも寒い氷期《ひょうき》がおとずれました。富沢《とみざわ》遺跡のところでお話ししたように、平均《へいきん》気温は現在よりも7～8℃も低かったのです。南極《なんきょく》と北極《ほっきょく》が凍《い》てつくことで海面が下がり、日本列島と大陸《たいりく》との間の海峡《かいきょう》はほぼ陸《りく》になっていました。マンモスやヘラジカは北から、ナウマンゾウやオオツノジカは南から日本列島へと渡《わた》ってきていましたが、人類《じんるい》もこれらの動物を追《お》いかけて、およそ40,000年前に大陸から渡ってきたとされています。

ナウマンゾウなどの骨が出る野尻湖岸の遺跡は、立《たち》が鼻《はな》遺跡とよばれています。長

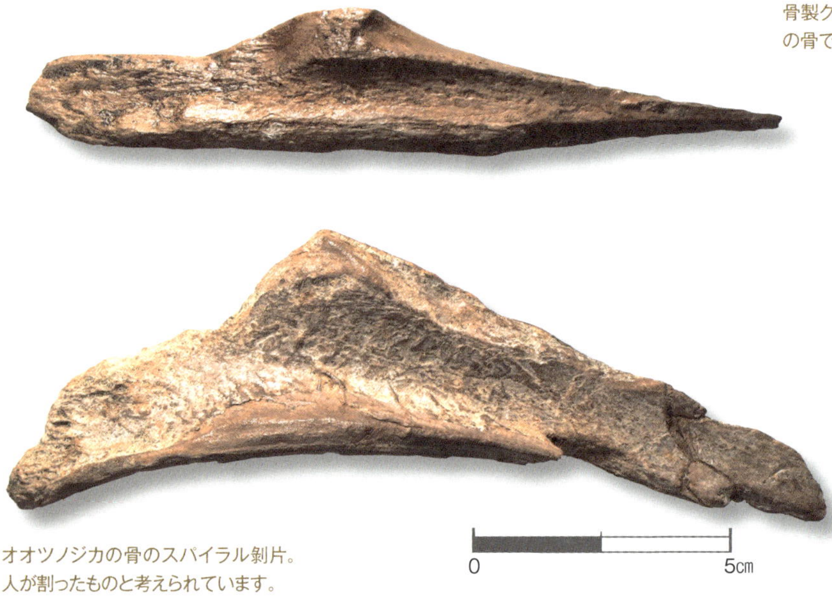

オオツノジカの骨のスパイラル剝片。
人が割ったものと考えられています。

骨製クリーヴァー（ナウマンゾウの骨でつくったナタ状の骨器）。

ナウマンゾウの牙（長さ101㎝）とオオツノジカの掌状角（長さ58.4㎝）。

年にわたり発掘した結果、ナウマンゾウやオオツノジカの骨とともに、切ったり削《けず》ったりする道具であるスクレイパーやナイフ形《がた》石器、くさび形の石器などが出土し、ナウマンゾウの骨を加工《かこう》した道具や先端《せんたん》をとがらせた木の棒《ぼう》も出土しました。このような道具にくわえて、骨髄《こつずい》を食べるために骨を打《う》ち割《わ》ったときにできる特有《とくゆう》の亀裂《きれつ》のある骨や傷《きず》あとのある骨、あるいはオオツノジカの糞《ふん》の化石も見つかり、この場所が旧石器時代の人びとが獲物《えもの》を殺《ころ》して解体《かいたい》し、毛皮《けがわ》や肉をとった場所（キルサイト）であることが確かめられたのです。また、貫ノ木《かんのき》遺跡や杉《すぎ》久保《くぼ》遺跡など湖岸や周辺《しゅうへん》の陸上遺跡も発掘調査され、野尻湖周辺の旧石器時代の人びとの暮《く》らしぶりが総合的《そうごうてき》に調査されています。

1964年（昭和39）、動物の化石といっしょに発掘された旧石器時代の石器。

野尻湖の調査は、地質学者の井尻正二さんのよびかけにより、地質学と考古学ばかりでなく、植物学や動物学、地形学などさまざまな分野の研究者が学会の垣根をとりはらって参加しました。地元の教員のグループと児童や生徒を中心にはじめられた調査に、その後全国各地から市民が参加するようになり、広く開かれた発掘調査をおこなってきました。野尻湖遺跡群は、旧石器時代のキルサイトという全国でも数少ない遺跡であるとともに、類を見ない規模の市民参加型の発掘調査をおこなってきた遺跡として知られるようになったのです。

［参考］
『野尻湖人を追って』信濃毎日新聞社1984
『野尻湖の発掘』共立出版株式会社　野尻湖発掘調査団1975
『野尻湖遺跡群の旧石器文化Ⅰ・Ⅱ』野尻湖人類考古グループ1987・90
［画像提供］
野尻湖発掘調査団／野尻湖ナウマンゾウ博物館

もっと知りたいキミへ！
野尻湖遺跡群…長野県上水内郡信濃町野尻287-5　野尻湖ナウマン象博物館

初《はつ》音《ね》ヶ《が》原《はら》遺跡 静岡県三島市

旧《きゅう》石《せっ》器《き》人《じん》のおとし穴《あな》

旧石器時代は、人びとがマンモスやナウマンゾウなど大形の獣《けもの》をとって暮《く》らしていた時代です。したがって、ひとところに定着《ていちゃく》して住《す》む生活ではなくて、動物を追《お》いかけながら移動《いどう》をくりかえしていた時代でした。それでも、大阪《おおさか》府のはさみ山《やま》遺跡や静岡《しずおか》県の休場《やすみば》遺跡などでは、柱《はしら》をもつ住居《じゅうきょ》や石で囲《かこ》んだ炉跡《ろあと》が見つかり、なんらかの施設《しせつ》も暮《く》らしのなかでもちいていたことがわかっています。

そのような施設の一つに、おとし穴《あな》があります。獣をとるためには槍《やり》でつくこともあったでしょうが、おとし穴に追いこんでとらえていたようです。初音ヶ原遺跡は富士山《ふじさん》のすそ野にある遺跡で、合計60個ほどの穴が列《れつ》をなして見つかりました。穴の大きさは、直径《ちょっけい》が1.4mほど、深《ふか》さ1.8mほどあり、丸い形をしています。穴に埋《う》まっていた土のなかに、28,000年ほど前に降《ふ》り積《つ》もった火山灰《かざんばい》の層《そう》が入っていましたから、それよりも前の3万年ほど前のものだと考えられています。

旧石器時代のおとし穴は、初音ヶ原遺跡だけでなく、静岡県では細尾《ほそお》遺跡や富士石《ふじいし》遺跡、あるいは鹿児島《かごしま》県の種子島《たねがしま》にある大《おお》津保畑《つほばた》遺跡など、ほかの遺跡からも見つかっています。穴のなかには何も残っていませんでしたので、これが本当におとし穴なのか疑問《ぎもん》に思っている人もいますが、列をなしていることやたくさん掘られていることなどから、いちばんふさわしいのがおとし穴説《せつ》です。ねらった獲物《えもの》はナウマンゾウやオオツ

おとし穴の断面。

第20号おとし穴。

初音ヶ原遺跡の全景。

ノジカなどの大型の獣か、シカやイノシシなど中型の動物なのか、それも明らかではありません。

それでも、その日暮《ひぐ》らしの生活をしていると思われがちな旧石器時代の人びとも、このような大がかりな施設をみんなで計画的《けいかくてき》につくっていたことはまちがいありません。

おとし穴が列をなしていることがわかります。

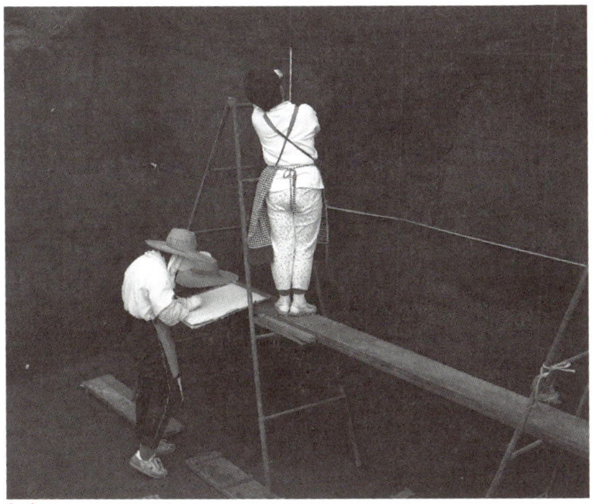

おとし穴を調査中のようす。

［画像提供］
三島市教育委員会

もっと知りたいキミへ！
初音ヶ原遺跡…静岡県三島市中央町5-5　三島市郷土資料館

砂《すな》川《がわ》遺跡 埼玉県所沢市

旧《きゅう》石《せっ》器《き》人《じん》の行《こう》動《どう》をさぐる

砂川遺跡は、東京《とうきょう》と埼玉《さいたま》の境《さかい》近く、お茶で名高《なだか》い狭山《さやま》丘陵《きゅうりょう》の一角《いっかく》にあります。1965年（昭和40）、畑からナイフのような石器《せっき》の発見が見つかりました。戦後《せんご》まもなく、岩宿《いわじゅく》遺跡が発見され、日本にも旧石器《きゅうせっき》時代があることがわかると、全国各地から旧石器時代の石器の発見が報告《ほうこく》されていきますが、砂川遺跡もそのようななかで発見されたのです。

それまでの20年間は、旧石器がどのように移《うつ》り変わっていくのか、という研究《けんきゅう》に焦点《しょうてん》があてられていましたが、遺跡のなかに残された旧石器がそれをつくり、使った人びとの行動《こうどう》の痕跡《こんせき》だ、という視点《してん》から研究されることはまれでした。砂川遺跡を発掘《はっくつ》し、出てくる旧石器のありかたを分析《ぶんせき》することに挑戦《ちょうせん》し、旧石器人の行動にせまったのが、明治《めいじ》大学で考古学《こうこがく》を教えていた戸沢充則《とざわみつのり》さんを中心とする、考古学の若《わき》き精鋭《せいえい》たちでした。1966年（昭和41）のことです。

砂川遺跡から見つかったナイフのような形の石器は、ナイフ形石器《がたせっき》とよばれています。ナイフ形石器は、石を打《う》ち欠《か》いてできた細長い切片《せっぺん》の縁《ふち》に加工《かこう》をほどこして、形を整《ととの》えた石器です。石器ができあがるまでには、母岩《ぼがん》を打《う》ち割《わ》り、切片をはぎとり、加工して仕上げます。砂川遺跡からは、これらの石器とその製作工程《せいさくこうてい》で出た石くずなどの集中している場所が、三つ見つかりました。戸沢さんは、石器とその素材《そざい》を丹念《たんねん》に接合《せつごう》し始めました。そして、それぞれの集中個所では一つの母岩からつくられた石器が多く接合することと、そこにはできあがったナイフ形石器がないことがわかりました。つま

［左］砂川遺跡の地層。
［右］発掘のようす。

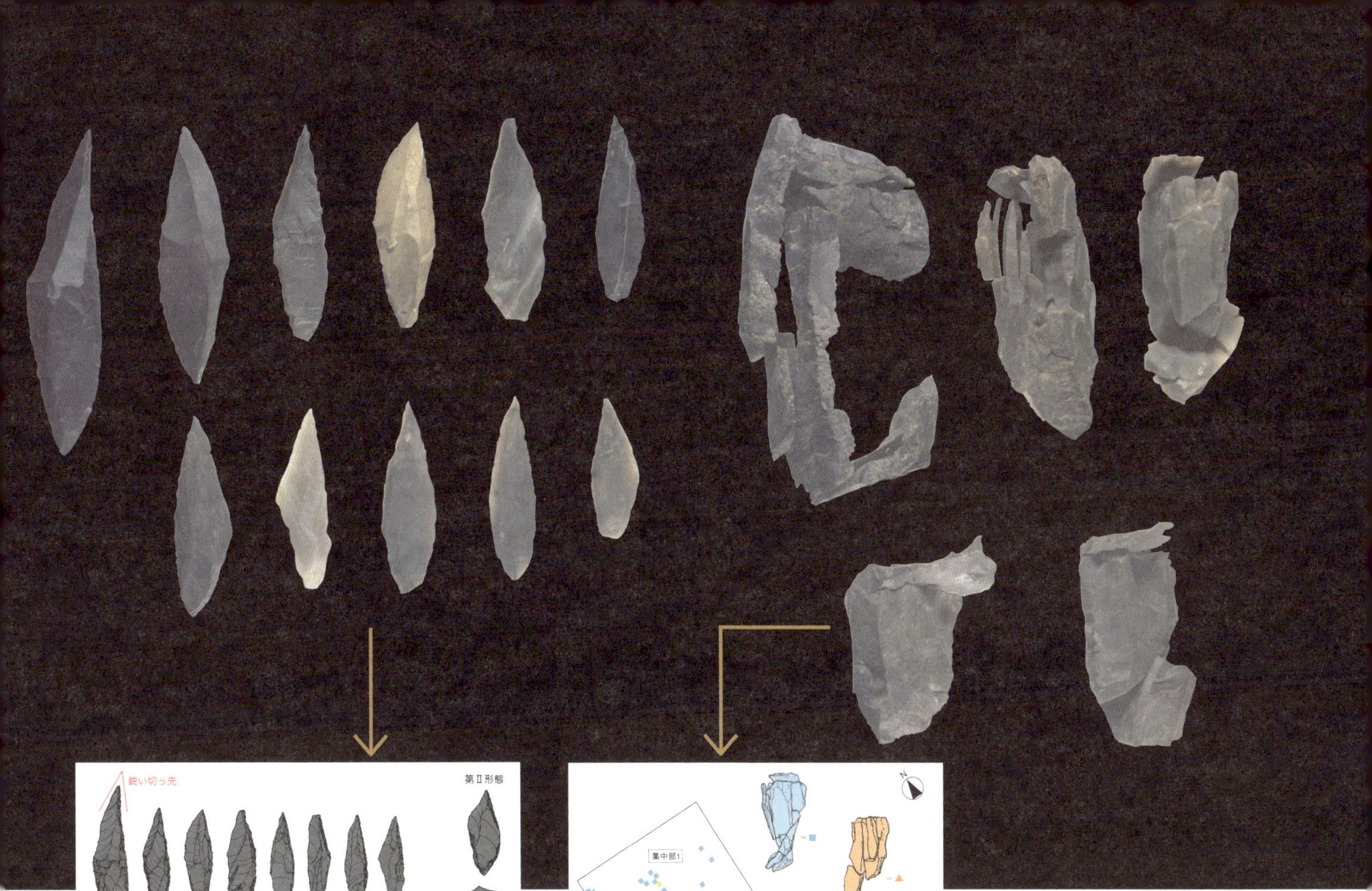

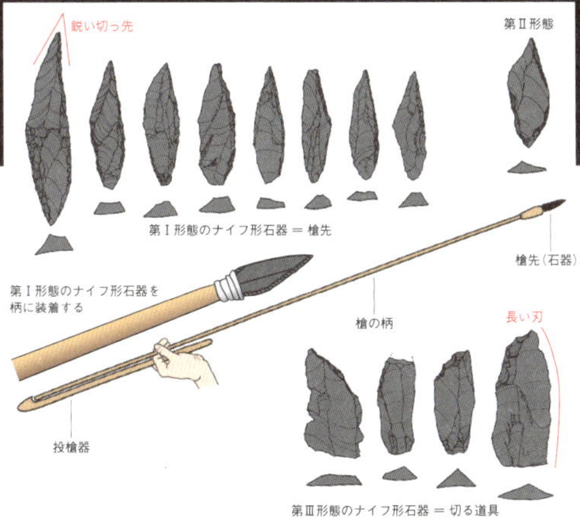

ナイフ形石器の形から使い方を推定してみました。［上］砂川遺跡から出土したナイフ形石器。左上端：長さ約8㎝。

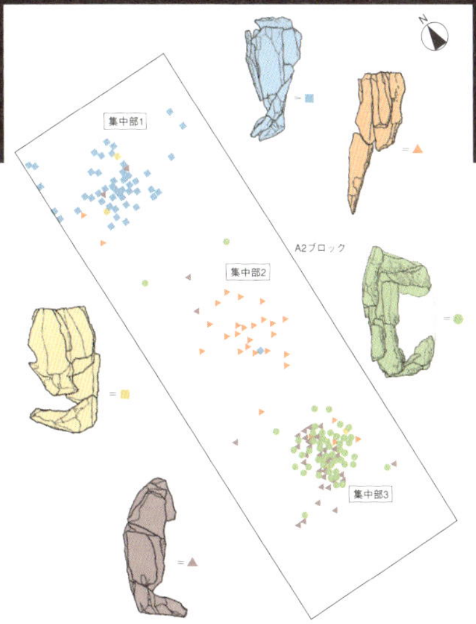

砂川遺跡から出土した石器を元の石の形に復元しようと試みました。下図のようにそれぞれが集中した場所がわかり、そこが作業場だったと考えられます。上右から3番目：高さ13.4㎝。

り、集中個所で石器づくりをおこない、できあがったナイフ形石器は、ちがう場所にもちだすという旧石器人の行動があきらかになったのです。

さらに、接合状況を細《こま》かく調べると、芯《しん》に相当《そうとう》する部分がどこにもない、あるいは外側の表皮《ひょうひ》にあたる切片が見当たらないことから、どこかよそからつくりかけの素材をもちこんだり、つくりかけのものをたずさえてどこかに移動《いどう》したこともわかってきました。そこからは、旧石器時代の人びとが１ヶ所にとどまった定住生活《ていじゅうせいかつ》を送っているのではなく、狩猟動物《しゅりょうどうぶつ》を追い求めて移動生活《いどうせいかつ》をおこなっている生活の姿《すがた》を思い描《えが》くことができます。

砂川遺跡は、石器がどこから出土したのかをおさえて、接合作業をたんねんに繰《く》り返《かえ》すことによって、旧石器時代の人びとの活動の跡《あと》を追い求める研究がはじめておこなわれた遺跡です。その後の旧石器時代の研究に果《は》たした役割が、とても大きな遺跡だといってよいでしょう。

［画像提供］
所沢市教育委員会／明治大学博物館／野口 淳

もっと知りたいキミへ！
砂川遺跡…埼玉県所沢市三ヶ島／所沢市埋蔵文化財調査センター…埼玉県所沢市北野2丁目12-1

野《の》川《がわ》遺跡 東京都小金井市

旧《きゅう》石《せっ》器《き》遺《い》跡《せき》の調《ちょう》査《さ》法《ほう》が確《かく》立《りつ》された

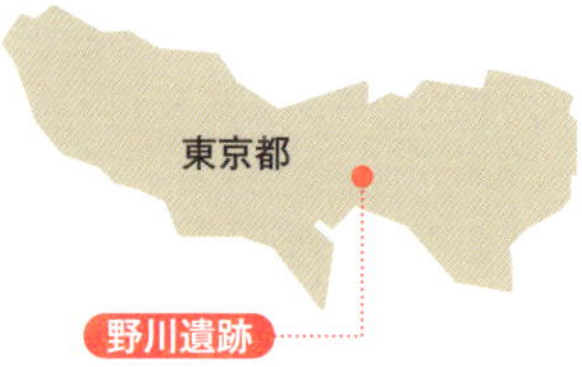

岩宿《いわじゅく》遺跡が発見されて、日本に旧石器文化《ぶんか》があったことがわかると、各地で旧石器時代の遺跡の探索《たんさく》と発掘《はっくつ》がなされるようになりました。1950～60年代になると、東京《とうきょう》都《と》の西方《せいほう》の武蔵野台地《むさしのだいち》からも、続々《ぞくぞく》と発見の声が上がるようになります。野川遺跡もその一つで、1970年（昭和45）におこなわれた発掘調査《ちょうさ》の結果、旧石器時代の研究《けんきゅう》に大きな役割を果《は》たすことになりました。

考古学《こうこがく》は、大昔の時間の流れのなかに、人びとの活動を位置《いち》づけて、その変化《へんか》を探《さぐ》っていく学問《がくもん》ですから、一つひとつの遺物《いぶつ》の年代《ねんだい》が問題になります。それを確かめるのに、おもに二つの方法がもちいられます。まず、出土《しゅつど》した遺物を机《つくえ》の上にならべ、それがどのように変化するのかを探る方法で、型《けい》式学《しきがく》とよばれています。もう一つが、遺物が出土する順序《じゅんじょ》を遺跡の発掘で確かめる方法で、層位学《そういがく》とよばれています。

野川遺跡の発掘調査は、河川改修《かせんかいしゅう》にともなう規模《きぼ》の大きなものでした。3,500㎡もの範囲《はんい》を5mの深さまでローム層《そう》が掘《ほ》り下げられました。これほど大規模《だいきぼ》な旧石器時代の遺跡の調査は、これがはじめてだったのです。その結果、旧石器時代の遺物をふくんだ地《ち》層《そう》が、立川《たちかわ》ローム層の第Ⅲ層から第Ⅷ層のなかに10枚《まい》も重《かさ》なっていることがわかりました。

ローム層にふくまれる火山灰《かざんばい》が年代を決めるのに重要《じゅうよう》だということも、この遺跡で注《ちゅう》目《もく》されました。鹿児島湾《かごしまわん》の姶良《あいら》から噴出《ふんしゅつ》した火山灰が28,000年～24,000年前であり、それが野川遺跡では第Ⅵ層の下にあることもその後確かめられ、年代決定の根拠《こんきょ》とされています。

野川遺跡では見つからなかった、第Ⅷ層よりも古い第Ⅹ層からも旧石器が出土することが、周辺《しゅうへん》の遺跡の調査でわかりました。それ

野川遺跡石器の出土状況。約18,000年前。礫群の石蒸し料理施設。

野川遺跡発掘風景。約25,000年前の配石遺構がみえる。

野川遺跡発掘風景。文化層が幾枚も重なっている状況がわかる。約20,000年前。

野川遺跡出土石器。約18,000年前
黒曜石でつくられた各種石器。

野川遺跡発掘風景　約25,000年前の文化層面を清掃しているC.T.キーリ調査員。

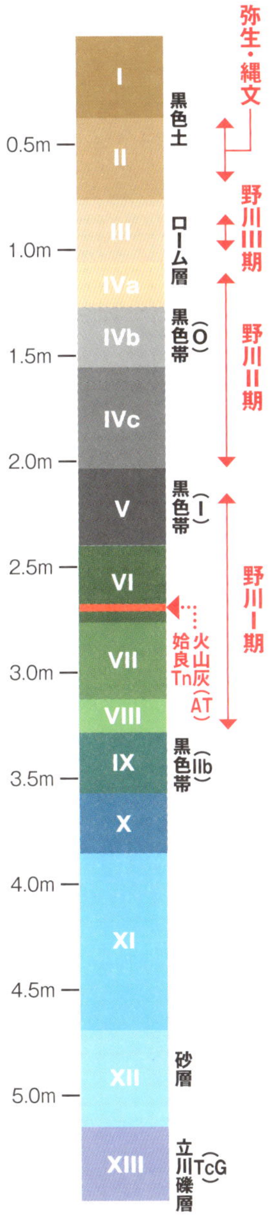

野川遺跡の断面。

も加《くわ》えた結果、日本の旧石器時代から縄文時代の始まりは次の四つの段階《だんかい》をへているのではないかとされています。

①礫《れき》を打《う》ち欠《か》いた石器と剥片石器《はくへんせっき》がおもでナイフ形《がた》石器がまだない時期《じき》（35,000～40,000年前）、②刃《は》をみがいた石斧《せきふ》とナイフ形石器と台形《だいけい》をした石器の発達《はったつ》する時期（35,000～27,000年前）、③地方によってさまざまなナイフ形石器が使われた時期（27,000～17,000年前）、④細石《さいせき》刃《じん》と細石核《さいせきかく》が使われ、石槍《いしやり》が発達した時期（17,000～12,000年前）で、④段階の後《こう》半《はん》に土器《どき》があらわれて縄文時代に移りかわりました。

野川遺跡は、層位学と型式学をもちいることで、武蔵野編年《むさしのへんねん》とよばれる旧石器の編年（変化《へんか》の順序《じゅんじょ》）を確立《かくりつ》し、日本列島の旧石器時代のうつりかわりを考えるための基準《きじゅん》を提供《ていきょう》した、とても重要《じゅうよう》な遺跡です。

野川遺跡出土石器　約18,000年前　上：石槍（ポイント）
下：スクレイパー（皮はぎ）

［参考］
『新しい旧石器研究の出発点　野川遺跡』小田静夫
シリーズ遺跡を学ぶ064、新泉社2009
［画像提供］小田静夫

もっと知りたいキミへ!
野川遺跡…東京都小金井市前原町／国際基督教大学博物館湯浅八郎記念館…東京都三鷹市大沢3-10-2

白《しら》滝《たき》遺《い》跡《せき》群《ぐん》 北海道紋別郡

日《に》本《ほん》最《さい》大《だい》規《き》模《ぼ》の黒《こく》曜《よう》石《せき》の石《せっ》器《き》製《せい》作《さく》所《じょ》

黒曜石《こくようせき》というのは火山岩《かざんがん》の一種《いっしゅ》で、流紋《りゅうもん》岩質《がんしつ》のマグマが地表《ちひょう》に出てきたとき、急速《きゅうそく》に冷《ひ》やされてできた石です。ガラス質《しつ》で、打《う》ち割《わ》ると鋭《するど》い刃《は》ができるので、旧石器時代から道具をつくるための石として珍重《ちんちょう》されました。北海道遠軽町《ほっかいどうえんがるちょう》にある赤石山《あかいしやま》でとれる黒曜石は、とても美しいことで知られています。真っ黒な肌《はだ》に赤い縞《しま》の入ったその姿《すがた》から、花十勝《はなとかち》の愛称《あいしょう》があります。

ふもとには、赤石山からとれた黒曜石を加工《かこう》したたくさんの遺跡が残されていて、白滝遺跡群とよばれています。細石刃《さいせきじん》使用のはじまりは旧石器時代も終わりにさしかかった頃、本州《ほんしゅう》ではおよそ17,000年前ですが、北海道ではより古くておよそ20,000年前のことです。白滝遺跡群は、細石刃をつくった跡《あと》が何ヶ所も残されていて、石器製作技術《せっきせいさくぎじゅつ》の研究《けんきゅう》に大いに役立ちました。

細石刃とは、長さ３～5㎝、幅《はば》5㎜ほどの短冊形《たんざくがた》の薄《うす》く小さな切片《せっぺん》です。長い木の棒《ぼう》や骨《ほね》の側面《そくめん》に溝《みぞ》を彫《ほ》り、そこにこの切片をならべて埋《う》めこみ、槍《やり》やナイフとしてもちいました。細石刃の一つが折《お》れたら交換《こうかん》すればよいのです。ひげそりの替《か》え刃《ば》のように、本体を捨《す》てることなくムダをはぶいたとてもエコな道具です。その一方《いっぽう》、一つの道具にはたくさんの細石刃を必要としますから、要領《ようりょう》よく製作する必要があります。

細石刃をつくるには、その母体《ぼたい》となる細《さい》石刃核《せきじんかく》が必要です。まずブランク（素材《そざい》）とよばれるおおもとになる細長い木の葉形の石器をつくります。北海道では、ブランクがとても大きく、長さ35㎝におよぶものもあるのが特徴《とくちょう》です。ブランクを打ち割って平らな面をつくることで核をととのえます。そして、平らな面の端《はし》にシカの角《つの》などでつくった器具《きぐ》をあてがい、上から強い圧力《あつりょく》をかけて細石刃をはがします。それを何度も何度も繰《く》り返《かえ》すことで、たくさんの細石刃が次から次へとできるのです。

出土《しゅつど》した石器を接合《せつごう》して、元の状態《じょうたい》に近くもどし、どのような工程《こうてい》によって石器をつくっていたのか研究が進んでいます。ここで紹介《しょうかい》した技法《ぎほう》は、そばを流れている湧別《ゆうべつ》川《がわ》の名にちなみ、湧別技法《ゆうべつぎほう》とよばれています。そして地域《ちいき》によって似《に》てはいるのです

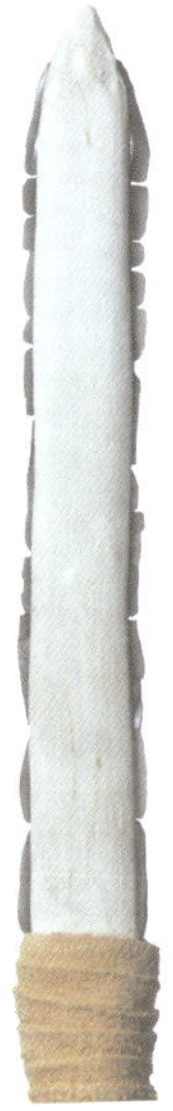

細石刃はこのように埋めこんで使っていました。（複製・ロシア／オシュルコヴォ遺跡）

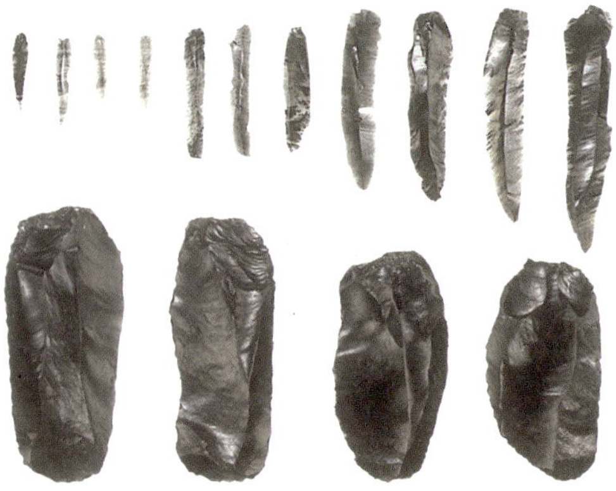

細石刃をつくる過程がわかります。
上右：長さ約10㎝。

［左］赤石山八号沢の黒曜石露頭。［右］高い技術で加工された石器群。左上端：長さ13.3㎝。

が細《こま》かいところでちがっている、いろいろな技法が使われていることがわかってきました。また、白滝産の黒曜石は400㎞もはなれたサハリンに運ばれ、石器がつくられたこともわかっています。白滝産の黒曜石でできた石器の分析《ぶんせき》から、当時の人びとの石器づくりへの独自《どくじ》な取り組みと情報交換《じょうほうこうかん》のありようをうかがい知ることができるのです。

札滑型

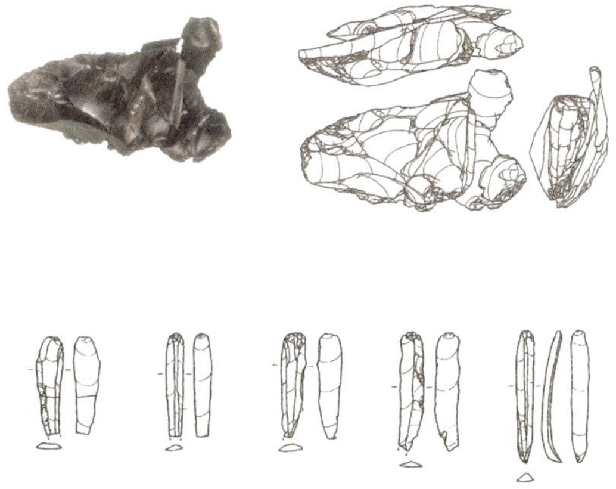

白滝型
＊打面に擦痕のあるもの

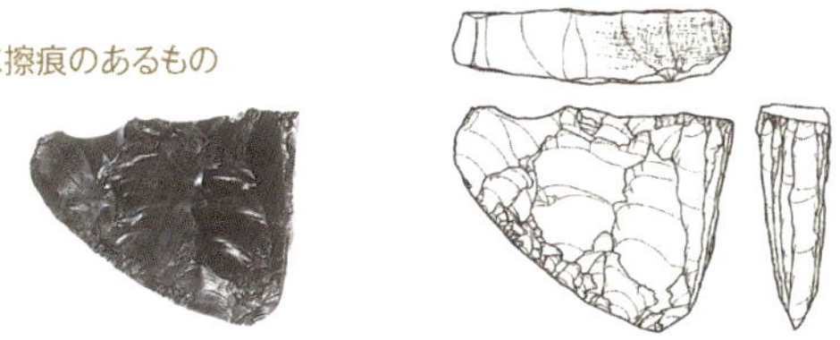

細石刃のつくり方

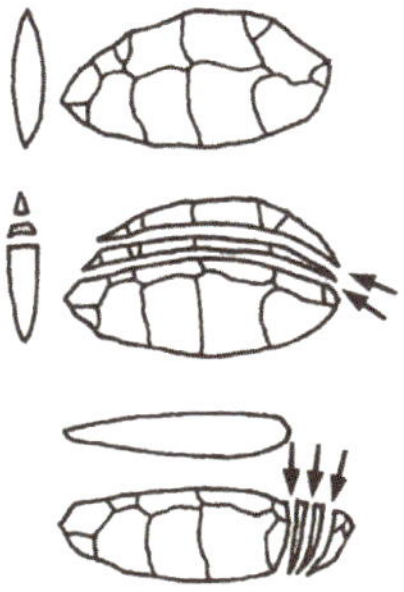

船底形
両面加工の石器を用意する。
石器の長軸を打ち欠いて船底形にする。
細石刃を取る。

北海道に特徴的なのは船の底のような形をした「船底形細石刃核」です。これは、木の葉形の石器をまずつくり、その片側面に打撃をくわえてスキー板のような切片をはがして船底形にします。また、左右のどちらかを縦に打ち割り、全体を底の深いボートのような形にします。その理由は、スキー板をはがした部分は平らになり、ボートの船尾にあたる部分も平らになって面積が広がりますので、その部分からたくさんの細石刃がとりやすくなるからです。

［参考］
『北の黒曜石の道　白滝遺跡群』
木村英明　シリーズ遺跡を学ぶ012、新泉社2005

［画像提供］
北海道埋蔵文化財センター

もっと知りたいキミへ！
白滝遺跡群…北海道紋別郡遠軽町白滝781-1　白滝郷土館／遠軽町埋蔵文化財センター…北海道紋別郡遠軽町白滝138-1

翠《すい》鳥《ちょう》園《えん》遺跡 大阪府羽曳野市

ナイフ形《がた》石《せっ》器《き》の製《せい》作《さく》あとが そのまま発《はっ》見《けん》された

みなさんのうちに車はありますか? トヨタカローラの何年型《なんねんがた》、というふうに名前がついていますね。それは一つのきまった型《かた》の車につけられた名前ですが、考古学《こうこがく》でも同じように遺物《いぶつ》には決まった型があり、名前がついています。たとえば千葉《ちば》県の加曾利《かそり》貝《かい》塚《づか》から出てきた土器《どき》のうち、E《イー》地点の地層《ちそう》から出た土器には加曾利E式という名前がついています。加曾利E式土器は同じような文様《もんよう》をもっており、縄文中期《ちゅうき》の関東《かんとう》地方一《いっ》帯《たい》で使われていました。つまり関東地方の人びとは、この時期《じき》に土器づくりの流儀《りゅうぎ》をひとしくもっていたのです。ある地域《ちいき》だけでもちいられる方言《ほうげん》のようなものと思ったらよいでしょう。

旧石器《きゅうせっき》時代に流行《りゅうこう》した石器《せっき》に、ナイフ形《がた》石器《せっき》があります。野川《のがわ》遺跡のところでも出てきましたね。これもつくりかたによっていくつかの型式《けいしき》があります。図のように、茂呂《もろ》型《がた》ナイフ形石器、杉久保《すぎくぼ》型《がた》ナイフ形石器などはその代表的な型式です。石刃技法《せきじんぎほう》によってつくった鋭《するど》い刃《は》のある石片《せっぺん》の、柄《え》の部分を手でもつときにけがをしないように刃つぶしをしますが、その位置《いち》によって全体の形にちがいが生まれます。それが型式のちがいです。

石刃技法という名前が出てきましたが、これは北海道《ほっかいどう》の白滝《しらたき》遺跡群で紹介《しょうかい》したように、細石刃《さいせきじん》などをつくるときの技術《ぎじゅつ》です。石刃《せきじん》というのは、石に圧力《あつりょく》をくわえることで細長く鋭い石片を何枚もつくりだす技術《ぎじゅつ》で、手先が器用《きよう》に進化《しんか》した新人《しんじん》に特有《とくゆう》の技術です。

茂呂型ナイフ形石器や杉久保型ナイフ形石器は東日本《ひがしにほん》に特徴的《とくちょうてき》で、石を縦方向《たてほうこう》にはがしていって石刃をとっていく技術によっ

ナイフ形石器の比較図

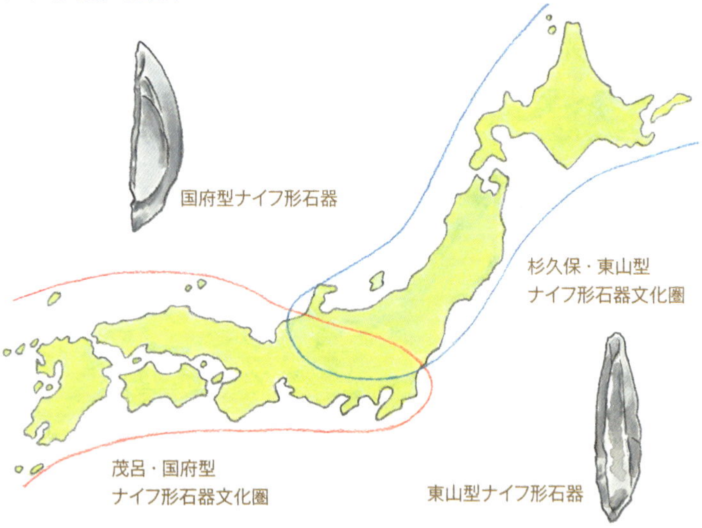

出土した石器やかけらをつなぎあわせて元の石の形を復元しました。瀬戸内技法によるナイフ形石器をつくるための核です。(群馬県上白井西伊熊遺跡出土) 長径21.3cm。

発掘時のようす。500点以上の石器と、石器をつくるときにできた石のかけらが20,000点以上見つかりました。これらをつなぎあわせると割る前の元の石のすがたを復元することができて、旧石器時代の石器のつくり方を詳しく知ることができました。

ています。ところが、西日本《にしにほん》では石に横方向から力をくわえて、石刃をはがしていく技術によっています。最初にこの技術が注目された大阪府《おおさかふ》の国府《こう》遺跡（p.112）の名前をとって、国府型《こうがた》ナイフ形石器とよんでいます。翼《つばさ》のような剝片《はくへん》が何枚もできあがるのが特徴《とくちょう》で、この技術が瀬戸内海《せとないかい》の遺跡を中心に広がっているものですから、瀬戸内技法《せとうちぎほう》などとよんでいます。大阪府の翠鳥園遺跡では、瀬戸内技法による国府型ナイフ形石器をつくった跡がとてもよくわかる形で見つかりました。

最近、群馬《ぐんま》県の上白井西伊熊《かみしろいにしいくま》遺跡で瀬戸内技法をもつ人びとの石器づくりの跡が出土《しゅつど》しました。どう見ても西日本からやってきた人びとが残した遺跡のようです。なんの目的なのかはわかりませんが、こんな遠いところにまで移《うつ》り住《す》んだ人たちがいたのですね。このように、型式を調査《ちょうさ》することは、人びとの交流《こうりゅう》の有《あ》り様《よう》などを調べる手がかりにもなるのです。

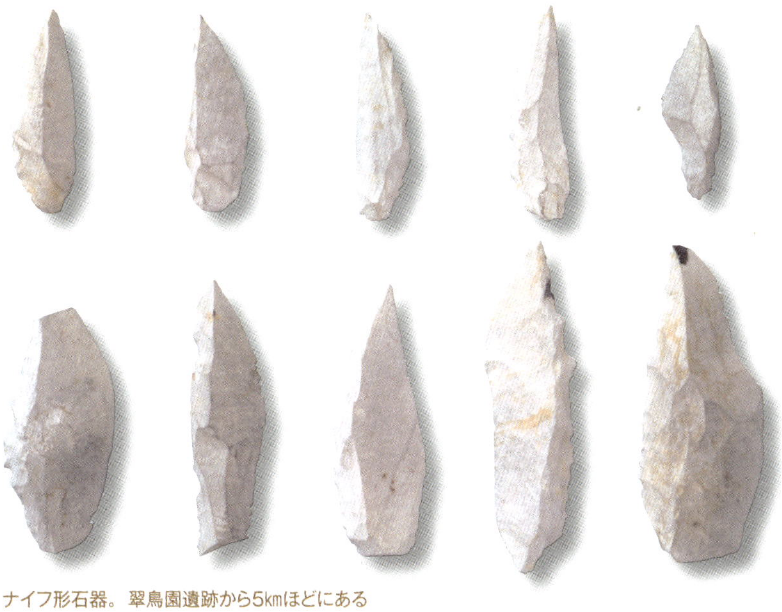

ナイフ形石器。翠鳥園遺跡から5㎞ほどにある二上山のサヌカイトという石でつくりました。右端下：長さ7.8㎝。

［画像提供］
羽曳野市社会教育課／群馬県教育委員会

もっと知りたいキミへ！
翠鳥園遺跡…大阪府羽曳野市翠鳥園2-10-101　翠鳥園遺跡公園

下《しも》触《ふれ》牛《うし》伏《ぶせ》遺跡 群馬県伊勢崎市

環状《かんじょう》の石器《せっき》づくりの場《ば》が見《み》つかった

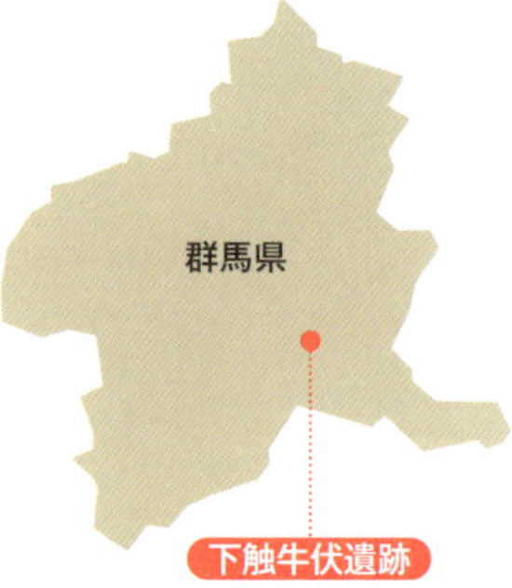

下触牛伏遺跡は、群馬県《ぐんま》の赤城山南麓《あかぎさんなんろく》にある旧石器時代の遺跡です。1982年(昭和57)、ここにスポーツセンターを建設《けんせつ》するために、前もって発掘《はっくつ》調《ちょう》査《さ》されました。このスポーツセンターは、野球場や陸上競技場などをふくむ大規模《だいきぼ》なもので、面積は40,000㎡以上のとても大きなものでした。したがって、発掘調査も広大《こうだい》な面積におよぶことになりました。全部を一度に掘《ほ》ることはできませんから、何人かの考古学者《こうこがくしゃ》が手わけしてせまい範囲《はんい》を担当《たんとう》し、作業員《さぎょういん》さんを指揮《しき》しながら発掘を進めます。出てきた石器《せっき》の位置《いち》を計測《けいそく》し、高さも測《はか》って写真を撮影《さつえい》したあと、取り上げていきました。

このようにして、それぞれの発掘区《はっくつく》で取り終えた石器の、出土位置《しゅつどいち》の図面《ずめん》をつなぎあわせたところ、驚《おどろ》いたことに石器が環状《かんじょう》にめぐっていることがわかりました。直径《ちょっけい》が50ｍほどもあったので、掘っているときにはわからなかったのです。図面をよく見ると、環状に広がる石器群《せっきぐん》も20ほどのまとまりから成《な》りたっていることと、中央に3か所、石器が集中している部分が見られます。いくつかの石器集中個所《せっきしゅうちゅうかしょ》（ブロック）が集まって全体として環状をなす大規模な石器集中地点。「環状《かんじょう》ブロック群《ぐん》」と名付けられた遺《い》構《こう》が見つかったのはこれがはじめてで、小《しょう》規模《きぼ》な石器群《せっきぐん》が点在《てんざい》しているという旧石器時代の遺跡のイメージに変更《へんこう》をせまったのです。

環状ブロック群からは、どのような石器が見つかったのでしょうか。ナイフのように先がとがった槍先《やりさき》や、斧《おの》として使われたと思われる石斧《せきふ》があります。石斧がともなうこととナイフ形石器《がたせっき》の特徴《とくちょう》から、これらは旧石器時代でも最《もっと》も古い35,000年～30,000万年前のものだとわかりました。石器をつくるための母岩《ぼがん》である石核《せっかく》、打《う》ち割《わ》られたとき出た石くずの剝片《はくへん》、さらに石器をつくるためのハンマーである敲石《たたきいし》も出土しているの

発掘時のようす。赤土の地層をていねいに掘り下げていきます。［右］下触牛伏遺跡は赤城山のすそ野にあります。

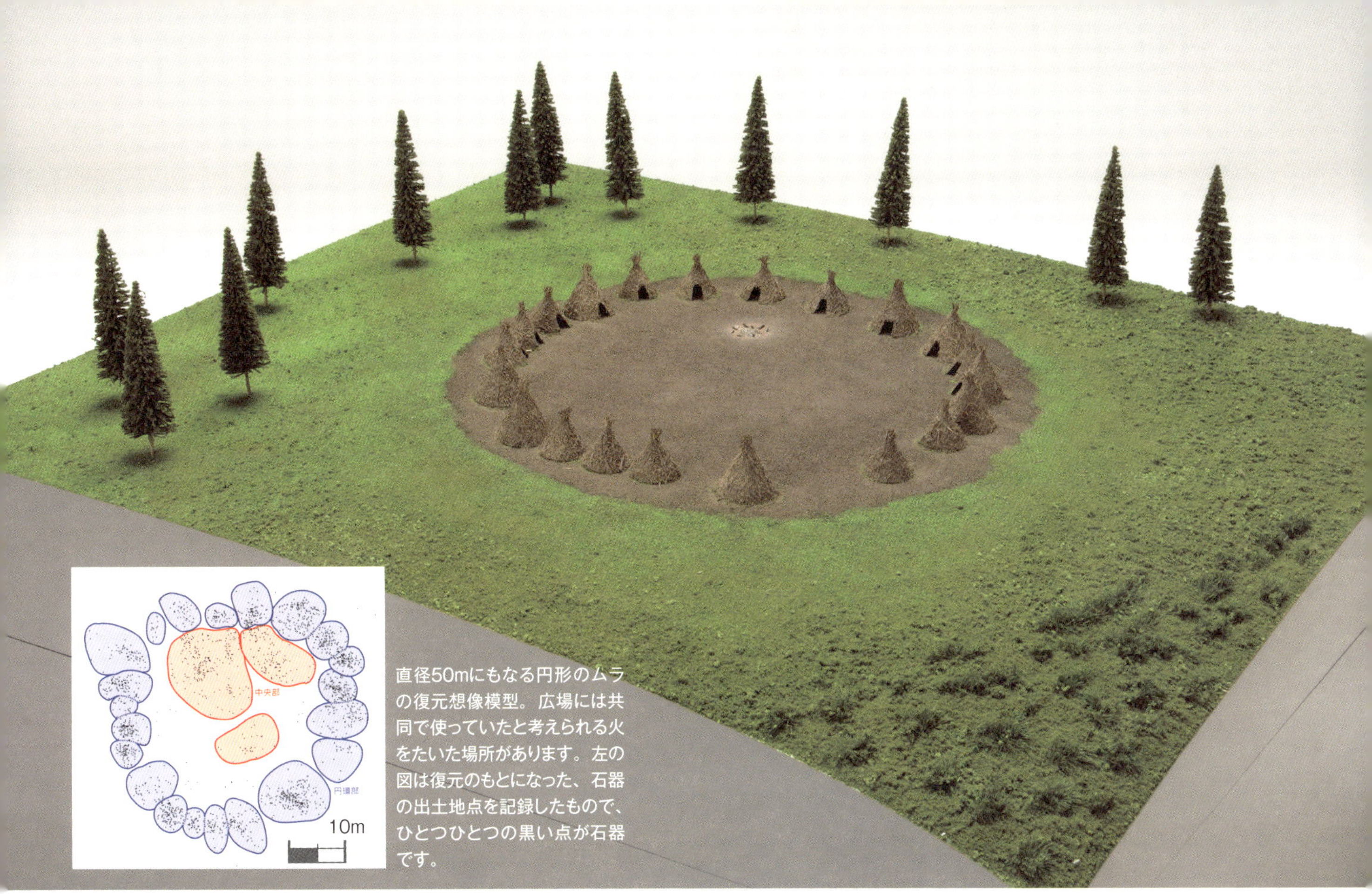

直径50mにもなる円形のムラの復元想像模型。広場には共同で使っていたと考えられる火をたいた場所があります。左の図は復元のもとになった、石器の出土地点を記録したもので、ひとつひとつの黒い点が石器です。

で、環状ブロック群は石器づくりの場であったことがわかります。中央のブロックからは、よその土地から運ばれたナイフ形石器が見つかり、石斧も多いなど他とちがっています。ブロック同士の石器が、たがいに接合《せつごう》することが多いのも確かめられました。

石器ブロックが石器づくりの人びとのまとまりを示《しめ》すとすれば、それらの人びとの間で石器の原材料《げんざいりょう》などのやりとりのあったことや、短い期間にそれがなされたことがわかります。このことから、環状ブロック群は家族ほどの小さな集団《しゅうだん》が数多く集まり、ナウマンゾウなどの大形の獣《けもの》を共同《きょうどう》で狩猟《しゅりょう》するために一時的《いちじてき》に集合した人たちが生活した場所であり、中央のブロックはとくに集中して共同で石器づくりがおこなわれた場だったのではないかと推測《すいそく》されています。環状ブロック群は、その後関東《かんとう》地方を中心に数多く見つかるようになりました。

環状部から見つかった石器。
右上：長さ3.8cm。

環状部から見つかった敲石。左上：長さ6.3cm。

［参考］『赤城山麓の三万年前のムラ　下触牛伏遺跡』小菅将夫
シリーズ遺跡を学ぶ030、新泉社2006
［画像提供］岩宿博物館／群馬県教育委員会

もっと知りたいキミへ！
下触牛伏遺跡…群馬県伊勢崎市波志江町／岩宿博物館（集落の模型展示）…群馬県みどり市笠懸町阿佐美1790-1

神《み》子《こ》柴《しば》遺跡 長野県上伊那郡

石《せっ》器《き》づくりにかける情《じょう》熱《ねつ》

群馬《ぐんま》県の岩宿《いわじゅく》遺跡が発掘調査《はっくつちょうさ》され、日本にも旧石器文化《きゅうせっきぶんか》があったことがわかると、全国各地から旧石器発見の声が上がりました。となりの長野《ながの》県でも、1950年代にたくさんの遺跡が見つかり、調査されました。林茂樹《はやししげき》さんがふるさとの伊那《いな》中学校に赴《ふ》任《にん》したのは1958年（昭和33）でした。林さんはこの地の旧石器文化をあきらかにすることが願いでした。南箕輪《みなみみのわ》小学校を訪《おとず》れた林さんは、そこに黒曜石《こくようせき》でできた石槍《いしやり》が置《お》かれているのに気づきます。石器が採《さい》集《しゅう》されたという現地を歩き、試《ため》し掘《ぼ》りをして旧石器時代の遺跡であることを確信《かくしん》し、神子柴遺跡と名付けました。

林さんは神子柴遺跡を発掘調査してみることにしました。発掘開始から２日目、すばらしい発見がありました。石槍がいくつかまとまって出土《しゅつど》したのです。

その後の３回にわたる神子柴遺跡の発掘によって、たくさんの旧石器が出土しましたが、大事な特徴《とくちょう》が二つあります。一つは、石器がいくつかまとめてあたかも埋められた状態《じょうたい》で見つかりましたが、そのような地点が6か所ほどあったことです。二つめは、まとまって見つかった石器は、石槍のほかに刃《は》の部分をみがいた石斧《せきふ》や、剝片《はくへん》を加工《かこう》した削器《さっき》（ものを切ったり削《けず》ったりする道具）などでしたが、石槍と石斧はどれもこれも現代の私たちが見てもほれぼれするほど美しいことです。

ここはおよそ15,000年前、旧石器時代の終わり頃で土器《どき》がそろそろ登場する時期《じき》の遺跡です。ほかにもこの時期に、同じ特徴をもつ遺跡が見つかっています。なぜ美しい石器をまとめて埋めていたのでしょうか。ネイティブ・アメリカン（アメリカ合衆《がっしゅう》国《こく》の先住民族《せんじゅうみんぞく》の総称《そうしょう》。インディアン）は、黒曜石で大きく美しい石器をつくり、よそ

1958年の第一次発掘調査のようす。［右］神子柴遺跡がある丘。

尖頭器が出土したときのようす。

「ローム層を除いていくと、象牙のような黄色いものがチラッと見える。竹ベラで静かに土を取り除くと、長さ17㎝ほどのするどいポイントがななめに横たわっている。素晴らしい石槍だ。『ああ、また出た』だれかが驚きのひとりごと。竹ベラの先がふるえている。『おお、またポイントだ』『冗談じゃないのか』冗談ではない。ポイントが4本、先端を交差して放射状に積み重ねられたまま検出されたのだ」（林茂樹さんの発掘調査日誌の抜粋）

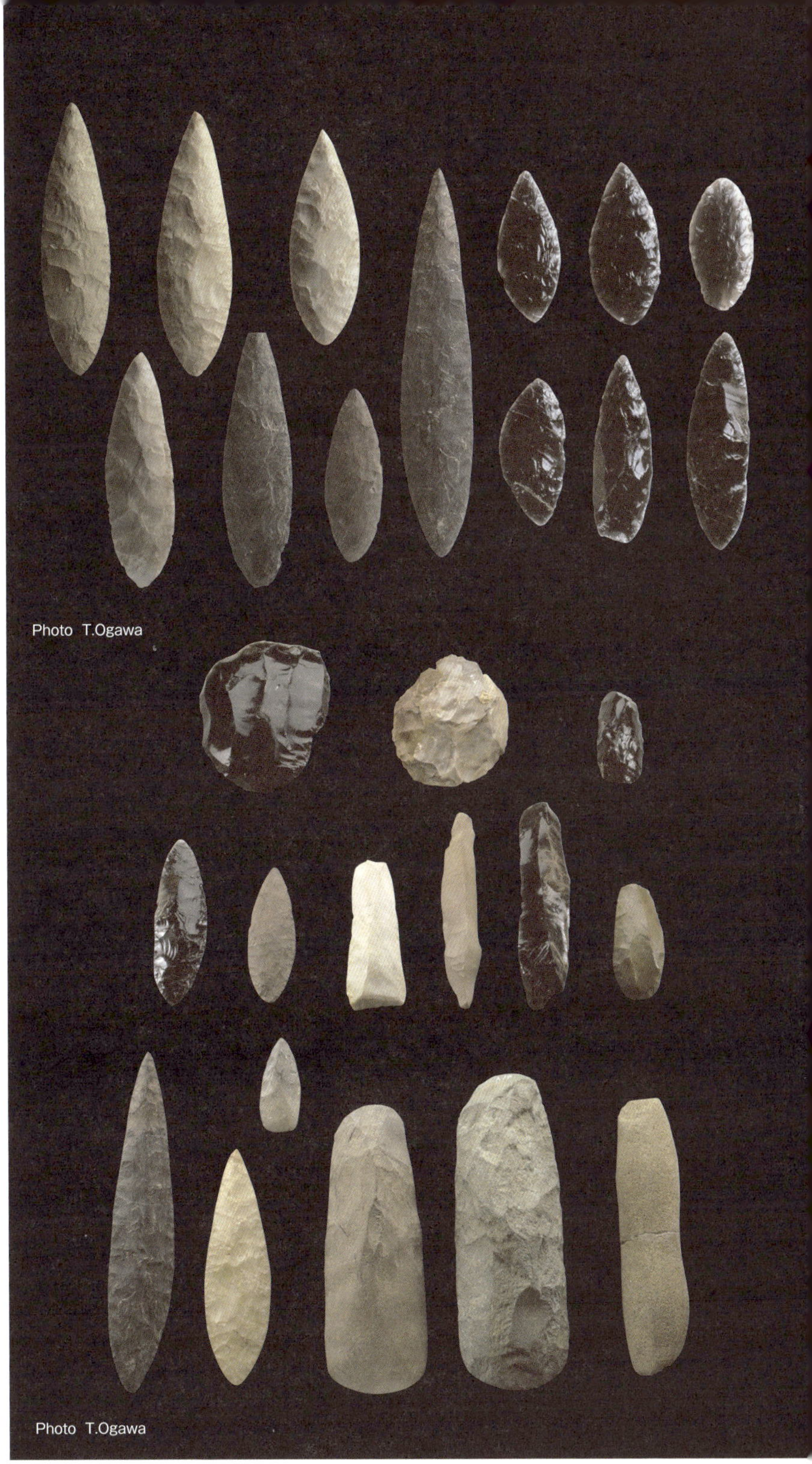

神子柴遺跡の尖頭器。左上の4つは玉髄、右上の6つは黒曜石。中央の大型のものは長さ約25㎝。下呂（げろ）石でできている。いちばん下の列の右端から砥石（長さ20.2㎝）打製石斧、局部磨製石斧（長さ19.8㎝）。

の部族《ぶぞく》と交換《こうかん》します。今のお中元《ちゅうげん》のように、贈答品《ぞうとうひん》のやりとりで、おたがいの部族の信《しん》頼関係《らいかんけい》を確認《かくにん》しあっていたということです。

道具を意図的《いとてき》にまとめて埋めた場所を、考古学《こうこがく》では「デポ」（dépôt／仏語）とよんでいます。たとえばそれは貴重品《きちょうひん》であったり、ヨーロッパなどでは鍛冶屋《かじや》がよそのムラで仕事をするときに、中間《ちゅうかん》の地点に鍛《か》冶道具《じどうぐ》を埋めておくような場合もあったようです。神子柴遺跡のデポは、精魂《せいこん》こめてつくった贈答品のような貴重品を隠《かく》していたのが、いつか忘《わす》れられてしまったのでしょうか。その行為《こうい》の意味をときあかすのはむずかしいですが、神子柴遺跡の二つの特徴から、旧石器時代も終わりころになると、旧石器時代の人の心も複雑《ふくざつ》に進化《しんか》していったことがうっすらとわかります。

［参考］『神子柴』林茂樹・上伊那考古学会信毎書籍出版センター2008

［画像提供］上伊那考古学会／浅間縄文ミュージアム

もっと知りたいキミへ!
神子柴遺跡…長野県伊那市荒井3520　伊那市創造館

湯《ゆ》の里《さと》4《よん》遺跡《いせき》 北海道上磯郡

日本《にほん》最古《さいこ》の墓《はか》から旧石器人《きゅうせっきじん》の心《こころ》を探《さぐ》る

およそ20万年前にアフリカで生まれて世界に広まったと考えられるのが新人《しんじん》（現《げん》生人類《せいじんるい》）です。新人はホモ・サピエンス、すなわち私たち現代人と同じ種《しゅ》です。新人は、格段《かくだん》に精巧《せいこう》な石器《せっき》をつくり、使いました。脳《のう》の発達《はったつ》が手先《てさき》の器用《きよう》さをうみだしたのです。スペインのアルタミラ洞窟《どうくつ》やフランスのラスコー洞窟、ショーヴェ洞窟など、洞窟に描かれた動物の群《むれ》は、かれらが現代の芸術家《げいじゅつか》をもしのぐほどの芸術的《げいじゅつてき》センスを身につけるようになったことを教えてくれます。

人を埋葬《まいそう》することは、すでにネアンデルタール人もおこなっていたようですが、その習慣《しゅうかん》は新人に引《ひ》き継《つ》がれました。死後の世界について、漠然《ばくぜん》とではあるでしょうが意《い》識《しき》するようになるなど、抽象的《ちゅうしょうてき》な思考《しこう》も身につけるように進化《しんか》したのです。

新人が日本列島に現れるのは、およそ40,000年前から35,000年前とされています。この時期《じき》はまだ定住生活《ていじゅうせいかつ》をおこなわず、ナウマンゾウなど大形の動物を追《お》いかける移動生活《いどうせいかつ》が主《おも》だったのですが、キャンプの跡は、全国あちこちの遺跡で見つかっています。そのようななかで、湯の里4遺跡からは墓《はか》の跡が見つかりました。

それは、V層とよばれる地層《ちそう》を掘《ほ》っていたときです。細石刃《さいせきじん》をつくった残りの芯《しん》である石刃核《せつじんかく》が4点集中して見つかりました。それをとりのぞくと、下には赤い土の粒《つぶ》が現れました。そして、その付近《ふきん》から孔《あな》をあけた石製品《いしせいひん》が出土《しゅつど》したのです。すでにある程度《ていど》地面を掘り下げていましたが、これらは深《ふか》さ30㎝ほどの土坑《どこう》（穴《あな》）の底に置《お》かれていたものであると推測《すいそく》されました。孔のあいた石製品は装身具《そうしんぐ》です。つまり、この土坑はそこに赤色の土を敷《し》いて装身具がつい

湯の里4遺跡は知内川の支流、出石川の右岸にあります。

［上］旧石器時代の墓です。［下］コハクの玉が出土したときのようす。

左端がコハク製の垂飾（長さ約2.5㎝）。あとの4つはかんらん岩製です。

たままの遺体《いたい》を埋葬《まいそう》した墓であると考えられたのです。日本でもっとも古いと考えられているうちの一つ、およそ14,000年前の墓です。赤色の土の正体は分析《ぶんせき》されましたがよくわかりませんでした。ベンガラという酸《さん》化第二鉄《かだいにてつ》を墓に敷くことは縄文時代には一《いっ》般的《ぱんてき》だったので、あるいはベンガラかもしれません。

孔のあいた石製品は、全部で5点出土しました。2点は縦長《たてなが》の石で、3点は丸い小さな石です。縦長の1点はコハクであり、それ以外はかんらん岩という石を使っていました。かんらん岩の玉は赤くてとてもきれいです。北海道では美利河《びりか》1遺跡でも玉が出土しており、墓の存在《そんざい》が推定《すいてい》されています。このような土坑から細石刃とともに玉が出土する墓は、カムチャツカ半島のウシュキ遺跡などで知られています。カムチャツカ半島はコハクの産地《さんち》でも有名です。北海道の墓は、北方からの移住者《いじゅうしゃ》が残したものかもしれません。

上の4つが石刃核で、これを打ち割って細くしたものが下の細石刃と石刃です。玉類といっしょに見つかりました。右下はたたき石。

［画像提供］
北海道埋蔵文化財センター／知内町郷土資料館

もっと知りたいキミへ！
湯の里4遺跡…北海道上磯郡知内町重内31-47　知内町郷土資料館

研究者インタビュー

1

3次元ジグソーパズルのかけらを、つなぎあわせて絵を見てみたい

諏訪 元　すわ げん

すわ　げん……
［形質人類学］
東京大学理学系研究科博士課程単位取得退学、カリフォルニア大学バークレー校Ph.D.（自然人類学／形態人類学／古人類学）。エチオピアで新種猿人の化石を探索する国際共同研究チームに参加、1992年に440万年前のラミダス猿人の化石を発見。「ラミダス猿人など初期人類の進化に関する研究」の業績で、2009年度朝日賞を受賞。

骨の化石はどうやって見つけるのですか?

骨の化石《かせき》はバラバラで見つかります。ぜんぜん関係ない動物の骨もぜんぶ集めて、そのなかから「このかけらだけ見たら誰《だれ》もヒトの化石とは言えないけど、ひょっとするとつながるかもしれないかけら」を拾《ひろ》い集めます。すると100個かけらを見ると、98個は関係ないけど2個がつながったりするんです。その2個がさいわいして全体《ぜんたい》が復元《ふくげん》できたりするので、まさに「3次元《じげん》パズル」です。つながったら、つぎは「これなんなの?」って謎解《なぞと》きが始まります。

現場《げんば》へ行くと、化石は広大《こうだい》な所にバラバラとあるから、全部を拾うことはできません。そうすると1個1個の判断《はんだん》を現場でします。「かけら」を見た時にどれくらいわかるか、それが問われます。そういう意識《いしき》を持って日頃から自分を訓練《くんれん》します。

幼少《ようしょう》の頃《ころ》から、「パズル好き」と「推理小説《すいりしょうせつ》好き」というのは実《じつ》はすごく関係しているかもしれません、いまこうして、人類学《じんるいがく》をやっているのは。模範解答《もはんかいとう》などないわけだから、「本当はどうだったんだろう」ということをえんえんと考えて、満足《まんぞく》できないから、研究《けんきゅう》に対する興味《きょうみ》がなくならないのです。

骨の化石がある場所は、わかっているんですか?

今も調査《ちょうさ》をするときは、まったく報告《ほうこく》がないところだけど化石がある時代の地層《ちそう》ということで調査することもあります。それで始めて発見した場所もあるのですけど、「少なくともあそこに化石はある」という情報《じょうほう》がある場合の方が多いですね。ただその場合でも、昔から言われている場所にこだわっていると成果《せいか》は上がらなくて、昔の人も少しは探《さが》したけど、あまり成果がなかったところや、その近辺をあらためて調査すると化石を発見できることが多いですね。そのあたりもそれなりのテクニックと根性《こんじょう》と執念《しゅうねん》が必要です。化石はまずないんですよ。だけど、ないことを前提《ぜんてい》にしないで見つけるんです。

「見つからないところでも絶対に見つけるぞ」という気持ちを強く持ちながら調査しないと、集中力《しゅうちゅうりょく》を欠《か》くので、せっかくの発見の機会《きかい》を見逃《みのが》します。たとえば、地面にかけらが出ていたとしても、目に入らなかったら発見されずに終わったり、化石が多い場所じゃなかったら二度と行かなかったりするんです。そういう意味では重要なのは専門職《せんもんしょく》

業的感覚《ぎょうてきかんかく》でたんたんと、気合《きあ》いを入れながらえんえんと続けることです。毎日、採集《さいしゅう》に値《あたい》しない標本《ひょうほん》しか目にしない日もあれば、一番多い動物の化石のかけらで同定《どうてい》できるものが一つ出たり…。同定できる化石があれば見て楽しいし、現場にいても悪くないんですよ。同定好き、パズル好きとしてはぜんぜん飽《あ》きないです。何の骨かわからない化石のかけらしかないとだんだんつらくなってきますけど。たんたんと職業意識的《しょくぎょういしきてき》にこなしているなかである日ポツッ、なんですよ、ラミダスの発見は。

研究室の棚にはいろいろな化石の模型があります。

人類の進化の道すじを調べることで、何がわかるのですか？

人類《じんるい》がこの地球という生態系《せいたいけい》のなかでどのような役割《やくわり》をになってきたのか、それがどう変化しながらヒトは適応《てきおう》していったのか、あるいは退化《たいか》していったのか。進化《しんか》と「ニッチの変化」は表裏の関係にあります。つねに受《う》け身《み》で環境変化《かんきょうへんか》に適応するのではなく、むしろ中立的《ちゅうりつてき》な変化があったり、高等動物《こうとうどうぶつ》になると遺伝的素養《いでんてきそよう》がかなり柔軟性《じゅうなんせい》をもって発《はつ》現《げん》するので、通常《つうじょう》は不必要なものまで潜在《せんざい》能力《のうりょく》として持っているのです。そうすると、「どういう行動をするか」という生物側《せいぶつがわ》の主《しゅ》体性《たいせい》でニッチが変わっていく。

ニッチが変わるということは、環境《かんきょう》に一方《いっぽう》的《てき》に依存《いそん》しているのではなくて、生物としての試行錯誤《しこうさくご》とのかねあいで適応進化《てきおうしんか》がおこっていくわけです。最近の進化理論《しんかりろん》では「ニッチ・コンストラクション」という考え方があるのですが、ニッチを自分たちでつくりながら進化してゆくことを指《さ》します。人間はそれをかなりやっている種《しゅ》だと思います。それが今はべらぼうな速度で、ニッチの変化を自《みずか》らおこしてしまい、それに適応しなければならないのでミスマッチがおこる。

怖《こわ》いのは、これまではニッチを生物側から変化させて遺伝的に適応する場合でも、ゆっくり千年万年単位のことでしたから、調和《ちょうわ》がとれていたのです。今はニッチを自分たちで変化させているのに、それについていく時間のゆとりもない。進化史的《しんかしてき》に見るとものすごく怖いです。調和しないといけないのが、完全に分離《ぶんり》している。テクノロジーの変化があまりにはやく、試行錯誤をしたり考えるひまもなくなっている。よほど慎重《しんちょう》に、まじめに考えないととんでもないことになると思います。そういう警鐘《けいしょう》を鳴《な》らすことも、この仕事をすることでできることですね。

ラミダス猿人の復元標本レプリカ。

ニッチ…教会などで聖人の像を置くためのくぼみのこと。生物学的には、特有の生息場所を埋めるように適応した生物がいる場合の、その生息場所のこと。いったん環境が変わったとき、生きのびるものと滅びるものがわかれる。生きのびたものは、滅びたものが占めていた生存圏（ニッチ）に入りこんでいって、さまざまに分化する。こうして大きな進化が起こる。

大《おお》森《もり》貝《かい》塚《づか》 東京都品川区

日《に》本《ほん》の考《こう》古《こ》学《がく》の第《だい》一《いっ》歩《ぽ》は ここからはじまった

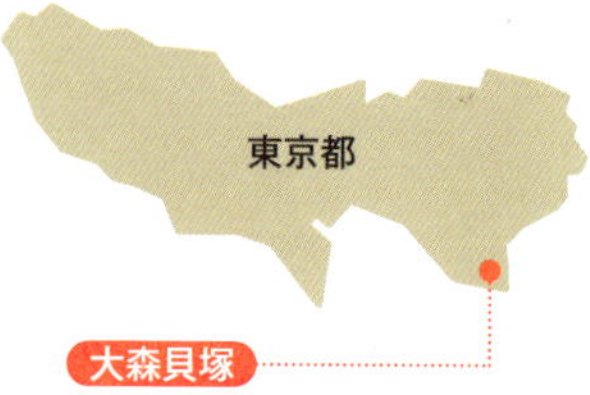

東京《とうきょう》大学に教師としてまねかれたエドワード・S・モールス（モースともよばれる）が、1877年（明治10）に東京都の大森貝塚を発掘調査《はっくつちょうさ》しました。モールスはアメリカ人で、シャミセンガイという貝の研究《けんきゅう》を専門《せんもん》としていた動物学者《どうぶつがくしゃ》（生物学者《せいぶつがくしゃ》）です。その年の6月に来日し、できたばかりの新橋《しんばし》～横《よこ》浜間《はまかん》の汽車《きしゃ》にのったモールスは、車窓《しゃそう》から見えた削《けず》ったばかりの崖《がけ》に、白い貝殻《かいがら》が厚《あつ》く堆積《たいせき》しているのに気づきました。モールスはアメリカで、ワイマンという学者のもと、貝塚を発掘調査した経験《けいけん》ももっていたので、それが貝塚ではないかと気づいたのです。来日直後のいそがしさのなかで、すぐにでも発掘しないと誰《だれ》かに先を越《こ》されてしまうのではないかと、モールスは気が気ではありませんでした。ようやく9月に発掘調査がおこなわれました。そのとき手伝ったのが、のちに東京帝国大学《とうきょうていこくだいがく》の教授になる佐々木忠次郎《ささきちゅうじろう》と松浦左用彦《まつうらさよひこ》でした。モールスの発掘調査は正確《せいかく》で、理想的《りそうてき》なものでした。江戸《えど》時代にはすでに土器《どき》や石器《せっき》などが先住民《せんじゅうみん》の遺物《いぶつ》として集められ、使い道などが話題になっていましたが、モールスは人工品《じんこうひん》ばかりではなく貝や獣《けもの》の骨などもたんねんに調査してもちかえりました。その2年後には立派《りっぱ》な報告書《ほうこくしょ》が出版《しゅっぱん》されています。それは、東京大学の学術報告《がくじゅつほうこく》第1号でもありました。

このような厳密性《げんみつせい》は、たとえば遺物の図《ず》面《めん》にもあらわれています。土器の図面は正《しょう》面《めん》から正しく描かれていますが、実際《じっさい》の原《げん》図《ず》をよく見ると図の端《はし》ばしにピンのあとがあります。これはきちんと計測《けいそく》して図面をとっていた証拠《しょうこ》です。江戸時代の遺物の図面

モールスが日本滞在時に収集した民具や陶器はボストン美術館に収蔵されています。
[右] 報告書巻頭のスケッチ。線路の向こう側にひろがる貝塚の層を発掘しているようす。

1879年に和文編として刊行された報告書の表紙と図版。

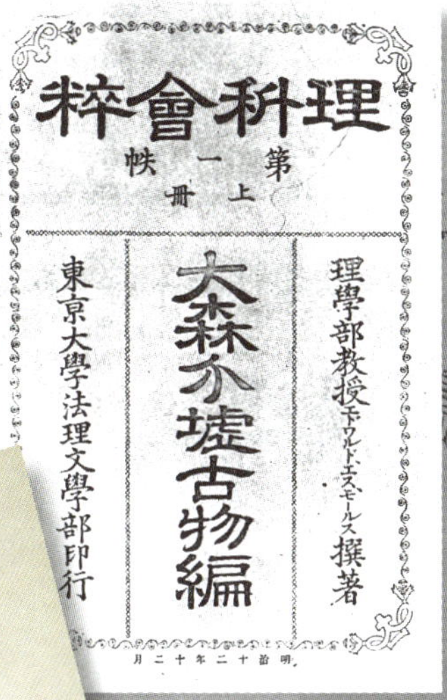

1879年夏に刊行された英文での報告書。この中でモールスが使った「cord marked pottery」がその後「縄文式土器」と訳されました。

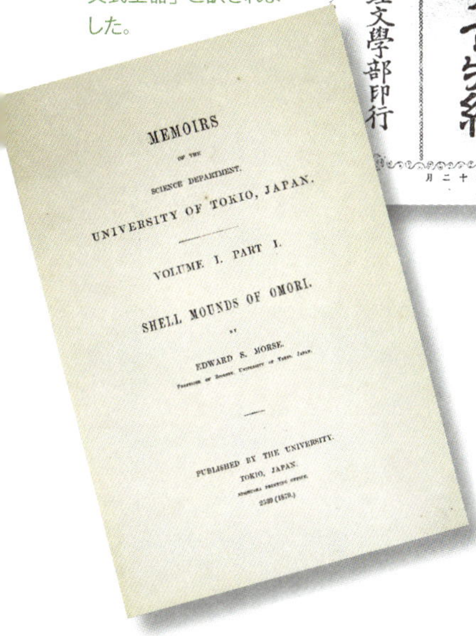

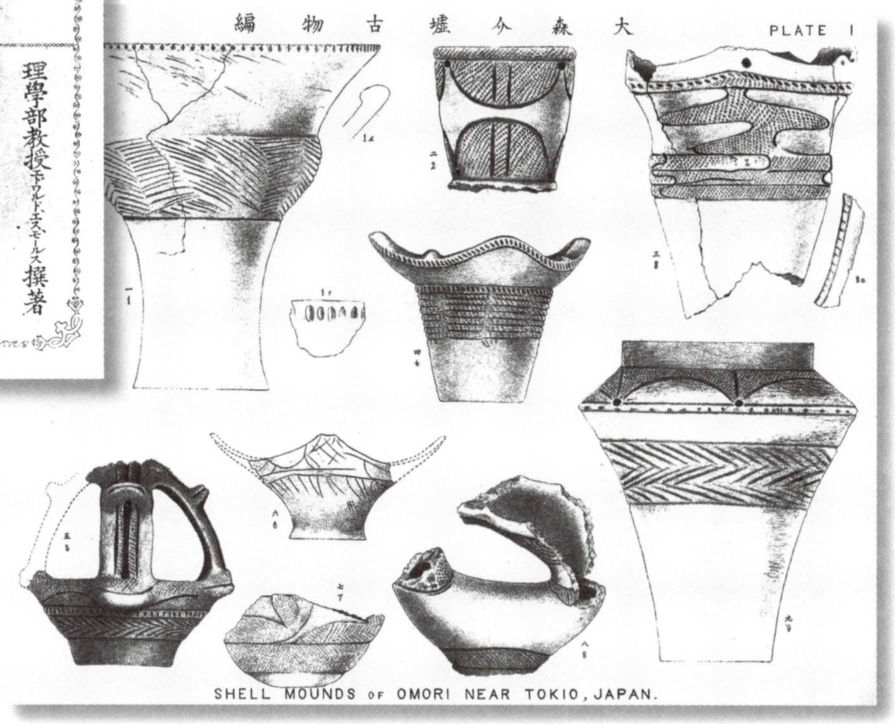

は斜《なな》め上から見て描いた見取《みと》り図《ず》でしたが、それに対してモールスの図は実測図《じつそくず》です。なぜそれが重要かというと、一定《いってい》の法則《ほうそく》にしたがってとった図面だからです。科学というのは同じ材料をくりかえし調べて同じ結果が出ることで正しさが保証《ほしょう》されます。そのためにはだれが見ても同じという、むずかしい言葉でいうと「客観性《きゃっかんせい》」がない図面では観察結果《かんさつけっか》がふぞろいで、ばらばらになってしまい、よくないのです。

1859年にイギリス人の生物学者、チャールズ・ダーウィンが『種《しゅ》の起源《きげん》』を発表します。進化論《しんかろん》がはじめて世《よ》に問われたのですが、モールスは進化論の信奉者《しんぽうしゃ》で、日本に進化論を広めたのは彼です。このような科学的精神をしっかりと身につけたモールスによって日本の考古学の第一歩がきざまれたのは、たいへんによいことでした。

モールスが描いた第3回の発掘時のスケッチ。

大森駅近くにある大森貝墟碑。

大森貝塚遺跡庭園にある大森貝塚碑。

[画像提供]
大田区立郷土博物館／東京大学総合研究博物館

もっと知りたいキミへ!
大森貝塚…東京都品川区6丁目21　大森貝塚遺跡庭園／品川歴史館…品川区大井6-11-1　大田区立郷土博物館…東京都大田区南馬込5丁目11-13

三《さん》内《ない》丸《まる》山《やま》遺跡 青森県青森市

縄文時代《じょうもんじだい》のイメージを変《か》えた 日本最大級《にほんさいだいきゅう》の縄文集落《じょうもんしゅうらく》

みなさんは、縄文時代というとどのようなイメージが浮《う》かびますか？　腰《こし》みのをつけただけで裸《はだか》に近いヒゲをはやした人が、斧《おの》を振《ふ》り回《まわ》して獣《けもの》を追《お》いかけている姿《すがた》でしょうか？　だとすれば、それは一昔前《ひとむかしまえ》のイメージです。青森《あおもり》県の三内丸山遺跡は、そのような古いイメージを一新《いっしん》させるのに、一役《ひとやく》買《か》いました。この遺跡を発掘調査《はっくつちょうさ》した岡田《おかだ》康博《やすひろ》さんは、その特徴《とくちょう》を「大きい」「長い」「多い」という三つの言葉で表しています。

遺跡の範囲《はんい》は35haにおよびます。これは、東京ドーム約７個《こ》が入る大きさです。まだその７分の１ほどしか調査されていませんが、それは野球場をつくるための範囲であったことからその大きさが想像《そうぞう》できるでしょう。調査された範囲からは、竪穴住居《たてあなじゅうきょ》群《ぐん》、掘立柱《ほったてばしら》の建物群《たてものぐん》、墓《はか》、ゴミ捨《す》て場《ば》、盛《も》り土《ど》が見つかりました。生活施設《せいかつしせつ》の場所を決めて計画的《けいかくてき》に配置《はいち》していたのです。竪穴住居には、長さが32ｍもある巨大《きょだい》なものもあります。直径《ちょっけい》が約1ｍの巨大なクリの木の柱を6本立てた施設《しせつ》も見つかりました。現在、当時の姿を想像し再現《さいげん》した施設が建てられています。また、盛り土というのは背《せ》丈《たけ》の倍《ばい》以上の高さに土を積《つ》み上げた施設です。何のために土を盛ったのかは、寺野《てらの》東《ひがし》遺跡のところでお話しします。

この集落は、縄文時代前期《ぜんき》から中期《ちゅうき》の1,500年にわたる長い期間、営々《えいえい》と暮《く》らした人びとによってできあがったものです。先

三内丸山遺跡からは1,700点をこえる土偶が出土しています。この土偶は女性をイメージしていると考えられています。高さ21cm。

ヒノキ科の針葉樹の樹皮を使い、あじろ編みで編んだ小さな袋のなかにはクルミが入っていました。高さ約15cm。

❶大量の土器のかけらが盛り土から見つかりました。❷❸出土した深鉢形土器。❷高さ44.9cm ❸高さ45cm。

❶

❷

❸

長い年月にわたって竪穴住居や大きな柱穴などを掘ったときの残土、焼けた土や灰、石器・土器などを捨てることをくりかえすことでできた盛り土です。

復元された大型掘立柱建物。柱穴は直径約2m、深さ約2m、柱と柱の間が4.2m、柱穴のなかに直径約1mのクリの木の柱が入っていました。

に述《の》べた各施設が、多少の重複《じゅうふく》はありますが、同じようなところに営《いとな》まれているのは、気が遠くなるくらい長い先祖代々《せんぞだいだい》の暮らし方が大事にされていたからでしょう。大人の墓《はか》が列《れつ》をなしてつくられ、そのかたわらに土器《どき》に入れて埋《う》めた子どもの墓が築《きず》かれていました。ムラのなかに墓があるのは、祖先《そせん》への畏敬《いけい》の念《ねん》が強かったことを物語っています。

生活必需品《せいかつひつじゅひん》もたくさんあったので、この長い期間にこわれて捨《す》てられたものは、膨《ぼう》大《だい》な数になりました。ゴミ捨て場から出てきた土器の数は、段《だん》ボール箱《ばこ》で約4万箱になったそうです。谷に捨てられた土器のかけらは、足の踏《ふ》み場《ば》もないほどでした。子どもの遺体《いたい》を入れて埋めたと考えられる土器の数は800個におよんでいます。また、土《ど》偶《ぐう》などのまつりに使った道具やヒスイでつくった装身具《そうしんぐ》の玉《たま》も数多く出土しました。

このような、目で見える遺物もさることながら、目に見えない情報《じょうほう》から縄文人の暮らしぶりがそれまで以上に明らかになったのも、この遺跡の調査の大きな成果《せいか》です。たとえばクリの実がたくさん出土しましたが、DNA《ディーエヌエー》分析《ぶんせき》によって、それらは管理《かんり》して育てられていたのではないかと考えられています。花粉《かふん》の分析からも、近所にクリ林のようなものをつくりあげていたのではないかとされています。これまで縄文人は自然《しぜん》の恵《めぐ》みを頂戴《ちょうだい》するばかりで、自《みずか》ら自然に働《はたら》きかけて食物を得《え》ることをやっていなかったといわれていましたが、考え直さなくてはならなくなりました。長期《ちょうき》にわたる安定《あんてい》した生活を支《ささ》えていた理由も、科学的な方法をもちいて、しだいに明らかにされていくことでしょう。

［画像提供］
青森県教育庁文化財保護課

もっと知りたいキミへ！
三内丸山遺跡…青森県青森市大字三内丸山

大平《おおだい》山元《やまもと》Ⅰ遺跡《いち》 青森県東津軽郡

縄文《じょうもん》時代《じだい》の始《はじ》まりを解《と》き明《あ》かす

縄文時代は、いつどのようにして始まったのでしょうか。それを解《と》き明《あ》かすには、もっとも古い縄文時代の遺跡を探《さぐ》ることと、何があれば縄文時代といえるのかを考えることが大切です。これまで、縄文時代はおよそ13,000年前に始まったといわれてきました。土器《どき》と弓矢《ゆみや》の使用がその始まりを告《つ》げることがらだという考え方にもとづいて、もっとも古い土器が出る地層《ちそう》の炭素《たんそ》14年代《じゅんよんねんだい》測定法《そくていほう》から割《わ》り出したものです。ところが、青森《あおもり》県大平山元Ⅰ遺跡では、もっとも古い土器についたおコゲの年代が約16,500年前とされ、縄文時代の開始年代に見直しが求められました。同じ方法をもちいて測《はか》ったのに、このちがいはなんだったのでしょうか。

炭素には12と13と14という種類があります。このうち炭素14は放射線《ほうしゃせん》を出しながらこわれていきます。およそ5,730年で半分になる性質《せいしつ》を使って科学的に年代を割り出すのが、炭素14年代測定法です。炭素14年代は機械で測ったそのままの数値《すうち》ですが、その数値に補正《ほせい》をかけて実際《じっさい》の年代を割り出す必要があります。大平山元Ⅰ遺跡の炭素14年代は補正されました。その結果、補正をせずにもちいていた年代との差《さ》はとても大きいことがわかったのです。

これまで旧石器時代から縄文時代への移《うつ》り変《か》わりのシナリオは、次の2点の変化が重要だと考えられてきました。13,000年ほど前に地球が急速《きゅうそく》に温暖化《おんだんか》すると、日本列島も針葉樹《しんようじゅ》にかわって落葉広葉樹《らくようこうようじゅ》の森林が広がり、マンモスやナウマンゾウなど旧石器時代の大形動物が絶滅《ぜつめつ》し、イノシシやニホンジカなど森林にすむ動物が増《ふ》えてきます。そこで威力《いりょく》を発揮《はっき》した弓矢《ゆみや》をもちいるようになったのが変化の一つ。もう一つは落葉広葉樹に実《みの》るドングリ類《るい》の木の実を煮沸《しゃふつ》してアクを抜《ぬ》くためなどに土器の使用が始まっ

過去5万年間の気候の変動のようす。

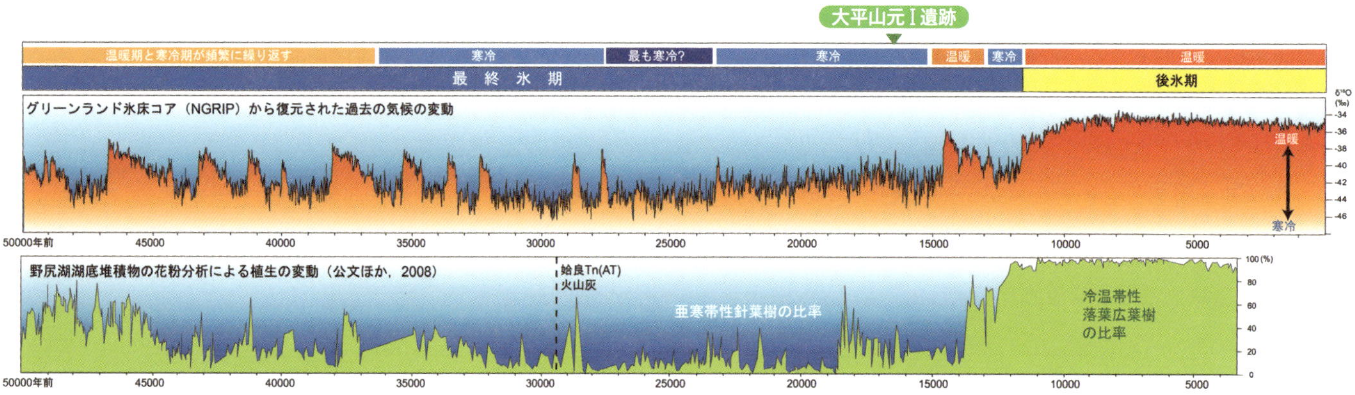

出土した石器類。局部磨製石斧、槍先形尖頭器、削器、石刃など。左端：長さ19.5cm。

たことです。つまり、気候《きこう》の温暖化が旧石器的な生活から縄文的な生活への移行《いこう》をうながしたと理解されてきました。

ところが、16,500年前というのは氷期《ひょうき》のまっただ中です。これまでのシナリオは見直さざるをえません。大平山元Ⅰ遺跡の石《せっ》器《き》は、弓矢に使った矢《や》じりもありますが、p.28-29で説明した石刃技法《せきじんぎほう》を使った旧石器的な石器がまだ盛《さか》んに使われていました。土器は文様《もんよう》がなく数もわずかです。そこで現在では、その後の生活の基礎《きそ》になる土器と石鏃《せきぞく》の出現を重視《じゅうし》してこの遺跡を縄文時代とする意見と、旧石器的な石器がなくなり文様のついた土器がたくさんもちいられるようになる次の時期からが縄文時代だとして、大平山元Ⅰ遺跡は旧石器時代だとする意見とがたたかわされるようになり、縄文時代の始まりの見直しが進んでいます。

出土した親指大の土器の破片。文様はありません。日本でもっとも古い土器です。左上端：幅2.2cm。

大平山元Ⅰ遺跡の全景。

［画像提供］
外ヶ浜町教育委員会／國學院大學考古学研究室／国立歴史民俗博物館／青森県埋蔵文化財調査センター・川口 潤

もっと知りたいキミへ！
大平山元Ⅰ遺跡…青森県東津軽郡外ヶ浜町字蟹田大平山元

上《かみ》黒《くろ》岩《いわ》岩《いわ》陰《かげ》遺跡 愛媛県上浮穴郡

縄《じょう》文《もん》のヴィーナスの発《はっ》見《けん》

私たちの直接《ちょくせつ》の祖先《そせん》である新人《しんじん》（ホモ・サピエンス）がすぐれた知能《ちのう》や未来《みらい》を予測《よそく》する能力《のうりょく》にたけていたことは、旧石器時代のところでお話ししました。ヨーロッパやユーラシアの新人は、洞窟《どうくつ》の壁に動物の絵画《かいが》を残したり、マンモスの牙《きば》を削《けず》って磨《みが》いてヴィーナス像《ぞう》をつくりあげました。これらは、狩猟《しゅりょう》がうまくいきますように、子孫《しそん》が繁栄《はんえい》しますようにという祈《いの》りをこめたものと考えられます。

日本列島でも、縄文時代の早い段階《だんかい》にそのような遺物《いぶつ》が発見されています。上黒岩岩陰遺跡から出土《しゅつど》した、線刻礫《せんこくれき》がそれです。

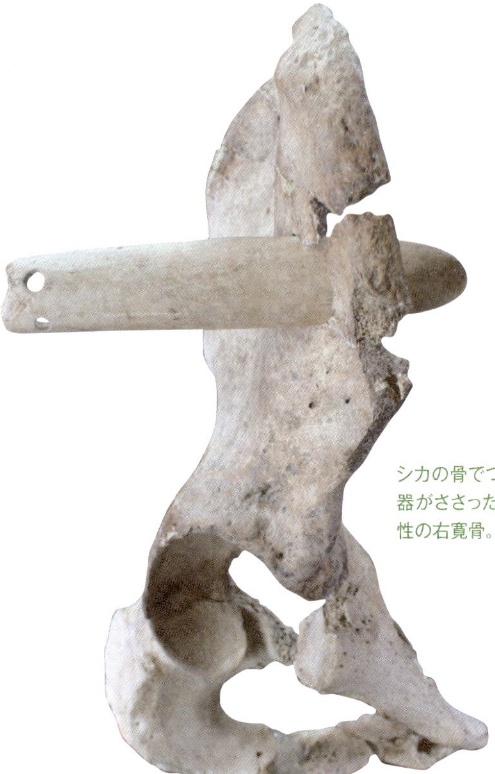
シカの骨でつくったヘラ状の骨器がささったままで葬られた女性の右寛骨。全長22㎝。

上黒岩岩陰遺跡は、愛媛《えひめ》県松山《まつやま》市内から久万川《くまがわ》を伝って40㎞ほど内陸《ないりく》にさかのぼった山間の久万高原《くまこうげん》町（旧美川村《きゅうみかわむら》）にあります。1961年（昭和36）に美川《みかわ》中央中学校（現美川中学校）の生徒によって発見されましたが、そのとき早期《そうき》の土器《どき》といっしょに人骨《じんこつ》が出土しました。これは大変だ、ということになり日本考古学協会《にほんこうこがくきょうかい》が音頭《おんど》をとって、慶應義塾《けいおうぎじゅく》大学の先生方を中心に発掘調査《はっくつちょうさ》されました。

線刻礫は、発掘調査にはじめて参加《さんか》した地元の人が発見しました。子どもの頃に川原《かわら》で石投げをして遊んだような川原石《かわらいし》が何個も出土しましたが、ある日、発見された石の泥《どろ》をぬぐったところ細い線が刻《きざ》まれていることがわかったのです。出土した線刻礫は全部で13点に上りましたが、ほとんどが5㎝ほどの小さな平《ひら》たい川原石です。

線刻礫は第9層《そう》という地層《ちそう》から出土しました。この層からは、隆起線文《りゅうきせんもん》という細い粘土紐《ねんどひも》を貼《は》りつけた土器片《どきへん》が出土します。この土器はもっとも古い縄文土器の一種《いっしゅ》で、草創《そうそう》期《き》という縄文時代の始まる時期のものであることがわかりました。のちに放射性炭素《ほうしゃせいたんそ》14の年代測定《ねんだいそくてい》によって、今から14,000年ほど前のものであることがわかりました。線刻礫も、その頃といってよいでしょう。

線刻は簡素《かんそ》なものですが、長い髪の毛や腰《こし》みのを表現し、乳房《ちぶさ》を描いたものもありま

発見された細隆起線文土器（復元）。高さ32㎝。

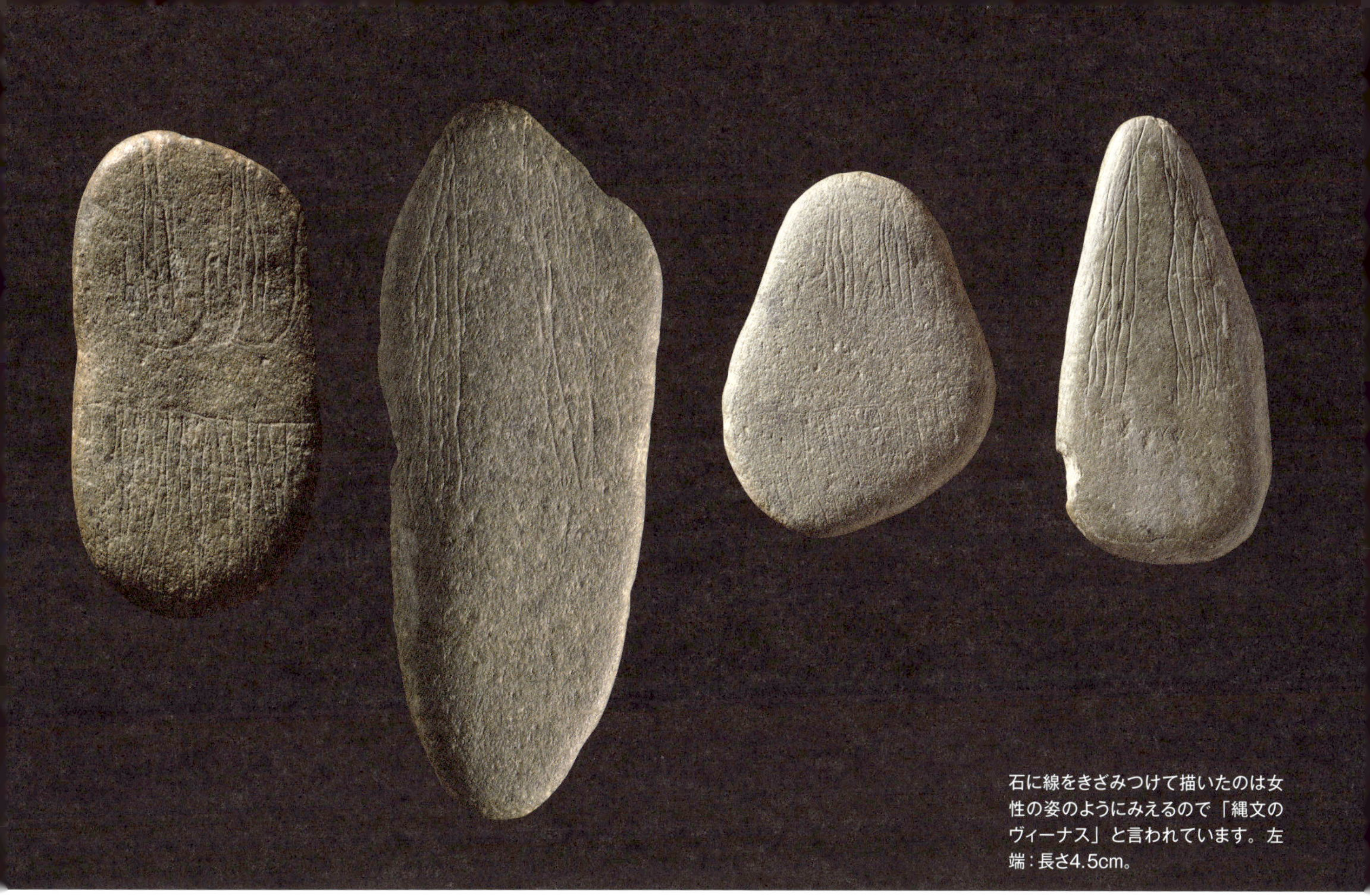

石に線をきざみつけて描いたのは女性の姿のようにみえるので「縄文のヴィーナス」と言われています。左端：長さ4.5cm。

した。線刻礫のなかには角の丸い三角形のものもあり、腰に相当《そうとう》する部分が広いことからすれば、乳房の表現はなくともこれらはみな成熟《せいじゅく》した女性を表現したものでしょう。髪の毛を長く表現しているのもその証拠《しょうこ》ではないでしょうか。狩猟《しゅりょう》活動《かつどう》で走り回る男性にとっては長い髪はじゃまですよね。

縄文時代最古のこの時期には、三重《みえ》県の粥見井尻《かゆみいじり》遺跡や滋賀《しが》県の相谷熊原《あいだにくまはら》遺跡から土偶《どぐう》が見つかっています。この土偶は、いずれも乳房を大きく表現しています。それは後の時代の土偶にも共通《きょうつう》した表現なのです。こうしたことからすれば、縄文時代草創期には、成熟した女性をかたどるという縄文時代に脈々《みゃくみゃく》と受《う》け継《つ》がれるまじないが始まったことがわかります。そのまじないとは、安産《あんざん》や子どもの成長を願ったものだったのではないでしょうか。

有茎尖頭器。
上左：長さ4.2cm。

［画像提供］
愛媛県歴史文化博物館／愛媛県久万高原町教育委員会／国立歴史民俗博物館

もっと知りたいキミへ！
上黒岩岩陰遺跡…愛媛県上浮穴郡久万高原町　上黒岩遺跡考古館

葛《くず》原《はら》沢《さわ》第《だい》Ⅳ《よん》遺跡 静岡県沼津市

竪《たて》穴《あな》住《じゅう》居《きょ》の出《しゅつ》現《げん》

旧石器時代の人びとは洞窟《どうくつ》や、かんたんな小屋《こや》で暮《く》らしていました。縄文時代になると、地面を掘《ほ》りくぼめて床《ゆか》にした竪穴住居《たてあなじゅうきょ》に住《す》むようになりました。深《ふか》さが人の背丈《せたけ》よりも深い竪穴住居もあります。柱《はしら》や屋根がしっかりとつくられるようになり、寒さをしのぐことができる快適《かいてき》な空間がつくりだされたのです。

でも、竪穴住居が登場したことの大事な意味は、一つの場所に定着《ていちゃく》する生活、すなわち定住生活《ていじゅうせいかつ》がはじまったことにあります。もちろん、縄文時代にも夏と冬では住む場所を変えたり、狩猟《しゅりょう》などで移動生活《いどうせいかつ》を送っていたでしょう。しかし、大がかりな施設《しせつ》を手間《てま》ひまかけてつくる背景《はいけい》には、定住に適《てき》した生活スタイルの変化があったことが想像されます。農耕生活《のうこうせいかつ》に入った弥生《やよい》時代以《い》降《こう》、平安《へいあん》時代になってもなお、竪穴住居が住居の基本《きほん》でした。

日本列島でもっとも古い、地面をしっかり掘りくぼめた竪穴住居跡《あと》は、今から12,000年ほど前の縄文草創期《そうそうき》にあらわれます。静《しず》岡《おか》県沼津《ぬまづ》市の葛原沢第Ⅳ遺跡は、富士山《ふじさん》の南麓《なんろく》にある縄文草創期の遺跡です。この遺跡から竪穴住居跡が出土《しゅつど》しましたが、それは直径《ちょっけい》3.5ｍほどの整《ととの》った円形《えんけい》住居で、深さは50㎝をこえていました。床面《ゆかめん》は平らに整地《せいち》されて柱《はしら》の穴が何本か見つかっています。やや西にある富士宮市《ふじのみやし》の大鹿窪《おおかしかくぼ》遺跡からは、やや新しい草創期後半《こうはん》、およそ11,000年前の竪穴住居跡が十棟《とう》ほど見つかりました。密集《みっしゅう》していることからすれば、１か所に数棟の住居をかまえたムラもこの頃には出現していたことになります。

竪穴住居の跡。右の白い点は出土した遺物につけたラベル。

縄文時代草創期の石器です。
尖頭器、有茎尖頭器、石鏃。
左上：長さ10.9㎝。

葛原沢第Ⅳ遺跡の炭《すみ》になった柱の材質《ざいしつ》を分析《ぶんせき》したところ、クリであることが判明《はんめい》しました。クリは縄文人の主要《しゅよう》な食料であるばかりでなく、いろいろな道具をつくるのに使われました。これまでの寒冷《かんれい》な気候《きこう》から温《おん》暖《だん》な気候に変わり、落葉広葉樹《らくようこうようじゅ》の森林が発《はっ》達《たつ》してくると、縄文人はクリやナラなどの植物をさかんに利用するようになります。旧石器時代から縄文時代への移行《いこう》にともなって、草原から森林の資源《しげん》にたよる生活が開始《かいし》された結果でしょう。縄文草創期の竪穴住居の出現と増加《ぞうか》は、寒冷な気候から温暖な気候へという自然環境のうつりかわりにともなって、森林によりそうように生活する定住生活の幕開《まくあ》けを告《つ》げるものです。

富士山の南麓には、旧石器時代の遺跡がひしめきあっています。この土地で竪穴住居に住む生活が他の地域《ちいき》よりも早くはじまったのは、狩《か》りも木の実の採集《さいしゅう》にも適したこの地域が人びとにとって、よほど暮らしやすい場所だったからではないでしょうか。

隆帯文土器と押圧文土器。
左後ろ：高さ22.6㎝。

[画像提供]
沼津市教育委員会

もっと知りたいキミへ!
葛原沢第Ⅳ遺跡…静岡県沼津市

上《うえ》野《の》原《はら》遺跡

鹿児島県霧島市

火《か》山《ざん》灰《ばい》に埋《う》もれた早《はや》咲《ざ》きの縄《じょう》文《もん》ムラ

私が博物館《はくぶつかん》に勤《つと》めていたころ、館長《かんちょう》の佐《さ》原真《はらまこと》さんが1枚《まい》の写真を見せて、「この土《ど》器《き》の時期《じき》をあてなさい」と言われました。そこには、土のなかに2つならべて埋《う》めた壺形土器《つぼがたどき》が写っていました。ちょうど関東《かんとう》地方の弥生《やよい》時代の再葬墓《さいそうぼ》に似《に》ていたものですから、新しい再葬墓が発見されたのかと思い「弥生時代ですか?」と答えました。予想《よそう》どおりの答えだったのか、佐原さんは「縄文早期《そうき》ですよ」とうれしそうに答えました。しっかりした壺形土器は弥生時代になってようやく普及《ふきゅう》していくものなので、驚《おどろ》きました。そのほかにも、この上野原遺跡からはたくさんの驚くべき遺物《いぶつ》が出土《しゅつど》しました。

その一つは土製耳飾《どせいみみかざ》りです。直径《ちょっけい》が12㎝以上もあるような大型のリング状《じょう》のものです。きれいな渦巻《うずま》き文《もん》や点々がつけられています。国府《こう》遺跡（p.112）で詳《くわ》しく説明《せつめい》しますが、縄文早期から前期《ぜんき》には玦状耳《けつじょうみみ》飾《かざ》りという石でつくった耳飾りが一般的《いっぱんてき》でした。リング状の土製耳飾りは中部《ちゅうぶ》地方や関《かん》東《とう》地方の縄文中期《ちゅうき》にならないと出てきません。石器《せっき》も打製石斧《だせいせきふ》、石皿《いしざら》、凹石《くぼみいし》、磨石《すりいし》など、発掘《はっくつ》されたセットを見せていただいたときには、縄文中期のものかと思いました。

竪穴住居《たてあなじゅうきょ》などの施設《しせつ》の跡《あと》もたくさん見つかっています。なかでもおもしろいのは、地面に長方形の穴《あな》を掘《ほ》り、少しはなれたところに小さな穴を掘って大きな穴の壁《かべ》とトンネルのようにつなげた土坑《どこう》です。肉などの燻《くん》製《せい》をつくるのに使ったのではないかと考えられています。関東地方の縄文早期にもたく

復元された集落。上野原縄文の森展示館や県立埋蔵文化財センターなど、楽しく学べる施設があります。

異形石器。何に使われたのかはっきりとはわかっていません。左上端：左右長さ8.2㎝。

出土した壺形土器。
右：高さ51.8cm。

土製の耳飾り。ピアスのように耳たぶに穴をあけて使います。最大のものは直径約12cm。

さん見られます。竪穴住居跡が52棟《とう》見つかっているように大きなムラだということがわかりますが、その間を縫《ぬ》って2本の道も見出されました。

このように各地に先駆《さきが》けて、縄文早期の鹿児島県に進んだ文化《ぶんか》が登場したのは理由があります。縄文早期は地球が急速《きゅうそく》に暖《あたた》かくなっていく時期にあたります。鹿児島県は日本列島のなかでもいち早く温暖化《おんだんか》が進み、トチやクルミなど豊富《ほうふ》な栄養《えいよう》をもつ落葉広葉《らくようこうよう》樹林《じゅりん》が広がりました。このことは遺跡の土から調べた花粉《かふん》などの分析《ぶんせき》からわかりますし、石皿や磨石などはドングリ類をすりつぶすためにもちいたものでしょう。

およそ10,000年前の桜島《さくらじま》の噴火《ふんか》によって、いったんムラは埋《う》まってしまいますが、その後、耳飾りや壺形土器を使った文化を復活《ふっかつ》させました。ところがおよそ7,000年前の鬼界《きかい》カルデラの噴火によって、この地《ち》域《いき》は壊滅的《かいめつてき》な状態《じょうたい》となりました。しかし、それにもめげずに人びとはよそに移住《いじゅう》して暮《く》らしを再建《さいけん》しました。鹿児島県と桜島とは切っても切れない縁《えん》によって長い付き合いをしてきたのです。

壺形土器が完全な形で見つかりました。

出土した九州最古の土偶。女性を表現したものと考えられています。高さ5.5cm。

［参考］『縄文の世界　上野原遺跡のなぞ』財団法人鹿児島県育英財団2000
［画像提供］鹿児島県立埋蔵文化財センター

もっと知りたいキミへ！
上野原遺跡…鹿児島県霧島市国分上野原縄文の森　鹿児島県上野原縄文の森

ムラのすがた

御《ご》所《しょ》野《の》遺跡 岩手県二戸郡

土《つち》ぶきの屋《や》根《ね》がある住《じゅう》居《きょ》

縄文時代の竪穴住居《たてあなじゅうきょ》の屋根がどのようなものだったのかは、なかなかわかりません。それは、木や草のような有機質《ゆうきしつ》のものでつくっていたので、長い年月、土のなかにあったため分解《ぶんかい》してしまい、残ることがめったにないからです。竪穴住居の柱《はしら》は火災《かさい》などで炭《すみ》になって残る場合がありますので、そのような例《れい》をたよりに復元《ふくげん》されていますが、屋根の枠組《わくぐ》みに丸木などをもちいていることはわかっても、屋根をふいていたものがなんだったのか、依然《いぜん》として不明《ふめい》なままです。

岩手《いわて》県の御所野遺跡から出土《しゅつど》した縄文時代中期《ちゅうき》の竪穴住居跡《あと》は、屋根をふいていたのが土だったことがわかった貴重《きちょう》な例です。この住居は火災にあっており、炭になった木材《もくざい》が床面全体に広がっていました。竪穴の平面形態《へいめんけいたい》は楕円形《だえんけい》で、直径が8.5mと6.5m、深《ふか》さはいちばん深いところで70㎝ほどです。床面には柱の穴《あな》が6か所ありました。床面に倒《たお》れた柱などの材木《ざいもく》の上には焼けた土がのっており、とくに壁《かべ》のそばがはげしく焼《や》けていることがわかりました。炭化《たんか》した材木はよく残っていたのに対して、萱《かや》などの草の類《たぐい》はまったく見つかりませんでした。

このことから、この竪穴住居は次のように復元されました。竪穴は深さ50㎝ほど掘《ほ》り、6本の柱は1.7mほどの高さで上部に横《よこ》木《ぎ》をめぐらし、その中央から放射状《ほうしゃじょう》に屋根をふくための木を何本か立てかけ、住居の外側に盛《も》りあげた高さ60㎝の盛り土《ど》にそれらの根元《ねもと》を固定《こてい》しました。屋根の勾配《こうばい》はおよそ30度です。屋根には樹皮《じゅひ》と小枝《こえだ》をのせた上に土をかぶせました。

このようにして復元した家屋に入ってみると、湿度《しつど》が高く、換気《かんき》もよくありません。住居の屋根には窓《まど》をつくりましたが、その方向も風向きなどを考えて決めなくてはならな

人の形と思われる文様がついた土器の破片。頭に羽根をつけた呪術師ではないかと考えられています。長さ8㎝、幅7㎝、厚さ8㎜。

御所野遺跡から出土した土器。宮城・福島などを中心にさかえた大木式土器とよばれるものです。中央：高さ14㎝。

復元された住居。土の屋根に草がはえてきます。

かったそうです。この住居を復元して２年間たってから火を放《はな》ち、どのようにして家屋が焼失《しょうしつ》するのか、そしてどのようにして炭化した材木や焼け土が残るのか、実験を試《こころ》みたそうです。

その結果、屋根や土などが崩《くず》れ落ち、柱が焼けて倒壊《とうかい》し、埋《う》まるまでの状態《じょうたい》もしっかりと観察《かんさつ》でき、復元のためのよいデータをとることができました。１時間後に火は消えかかりましたが、再び燃《も》えだして鎮火《ちんか》するのに２日かかったことや、発掘された状態《じょうたい》のようになるには大量の薪《たきぎ》が必要で、自然の失火《しっか》というよりは意図的《いとてき》に燃やしたのではないかと推測《すいそく》されることなど、いろいろなことがわかりました。この結果をもとにして、いまこの遺跡には7棟《とう》の住居が復元して建てられています。みなさんも、ぜひ訪《おとず》れてみてください。

復元図をもとにして住居をつくっているようす。

土屋根の住居が完成しました。

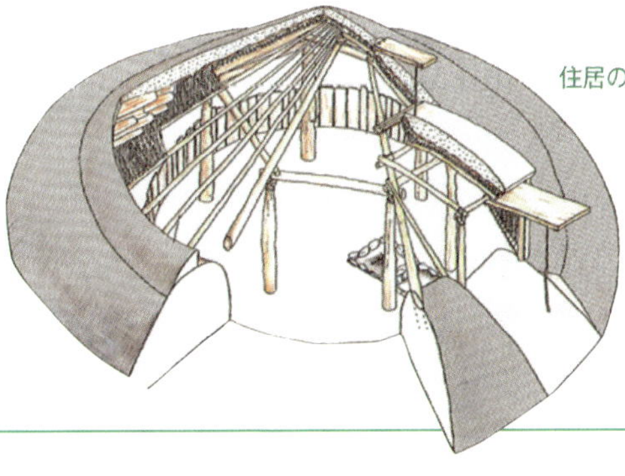

住居の復元図。

［参考］
「土葺屋根の竪穴住居」高田和徳『季刊考古学』第73号、雄山閣2000
［画像提供］御所野縄文博物館

もっと知りたいキミへ！
御所野遺跡…岩手県二戸郡一戸町岩舘御所野2　御所野縄文公園・御所野縄文博物館

阿久《あきゅう》遺跡 長野県諏訪郡

はじめて掘立柱建物《ほったてばしらたてもの》が見《み》つかった

　平地《へいち》に掘《ほ》った穴《あな》に柱《はしら》を立ててつくった建物《たてもの》を、掘立柱《ほったてばしら》建物とよんでいます。これに対して、地面に穴を掘って床《ゆか》とし、そこに柱を立てた建物を竪穴《たてあな》建物とよんでいます。奈《な》良《ら》・平安《へいあん》時代などの建物に一般的《いっぱんてき》な掘立柱建物は、一昔前《ひとむかしまえ》まで、弥生《やよい》時代に出現《しゅつげん》すると考えられていました。つまり、それ以前の縄文時代は、竪穴建物ばかりだと考えられていたのです。

　1976年（昭和51）、長野《ながの》県を縦断《じゅうだん》する中央自動車道《ちゅうおうじどうしゃどう》の建設《けんせつ》が山梨《やまなし》県との県境《けんざかい》にまでおよびました。そこで調査されることになったのが、原《はら》村の阿久遺跡でした。調査の結果、縄文前期《ぜんき》のこれまでにない規模《きぼ》や内容《ないよう》の集落《しゅうらく》が姿《すがた》を現したのです。ムラは、環状集落《かんじょうしゅうらく》です。環状集落というのは、広場を真ん中にして、そのまわりに竪穴住居などが輪《わ》のようにまるい形にめぐる集落のことです。阿久遺跡の環状集落は、直径《ちょっけい》120mほどで広場の直径はおよそ60mでした。

　広場をとりかこむようにして竪穴住居が何棟《とう》も建てられましたが、掘立柱建物は竪穴住居の内側から広場にかけて建てられています。穴を掘って遺体《いたい》を埋葬《まいそう》した土坑墓《どこうぼ》に近いところに建てていますから、墓にかかわるまつりの施設《しせつ》と考えてよいでしょう。

　その後、広場をとりかこむようにして環状集石群《しゅうせきぐん》が設《もう》けられました。これは直径1m内外《ないがい》にびっしりと石を敷《し》きつめた集石《しゅうせき》を単位《たんい》として、それが連《つら》なって輪のようになっているものです。墓あるいはそれにかかわるまつりの施設だと思われます。中心部の広場に

口径56cmの深鉢。

環状集石群の中心部にある立石・列石（復元した状態です）。

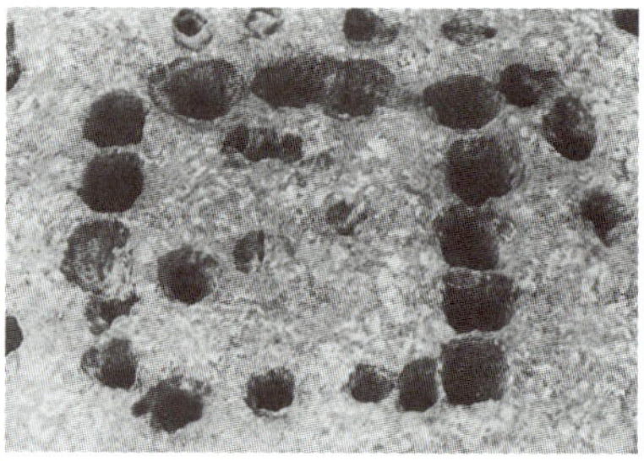

掘立柱建物の柱穴。

上の深鉢の文様を展開したもの。

環状集石群を形づくっている集石のひとつ。

長い年月をかけてつくられた環状集石群。石の数は数十万個とも言われています。

は巨大《きょだい》な石を２列に平行《へいこう》して立てていました。

このように規模の大きな環状集落は、これまで縄文時代中《ちゅう》期《き》になってはじめて成立《せいりつ》したと言われていましたが、前期にさかのぼることがわかりました。

縄文時代早期《そうき》は温暖化《おんだんか》が進んだ時代でしたが、まだ旧石器時代の余韻《よいん》を残して、人びとは移動《いどう》をくりかえす生活を送っていました。ところが温暖化がピークに達《たつ》したのちの前期になると、ひとところに定住《ていじゅう》することが増《ふ》え、その結果ムラが大きくなったのです。土坑墓やそれにかかわる建物や集石が、広場のまわりに築《きず》かれています。

したがって、環状集落の真ん中の巨大な立石《りっせき》は、祖先《そせん》の霊《れい》が宿《やど》った石と考えてよいでしょう。つまり、祖先を中心とするまつりをおこなった結果、ドーナツ状《じょう》のムラができあがったのです。

竪穴住居がならぶ集落。

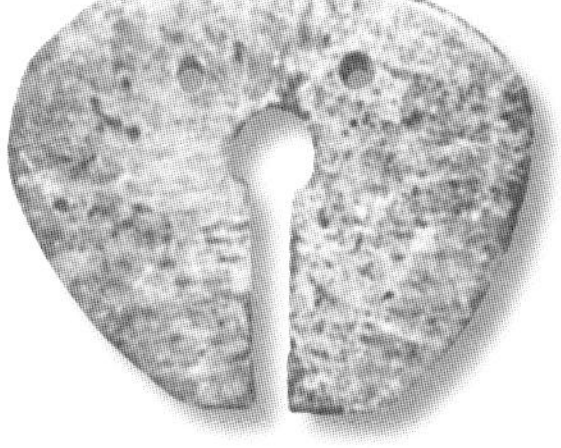

耳飾り。長さ約4cm。

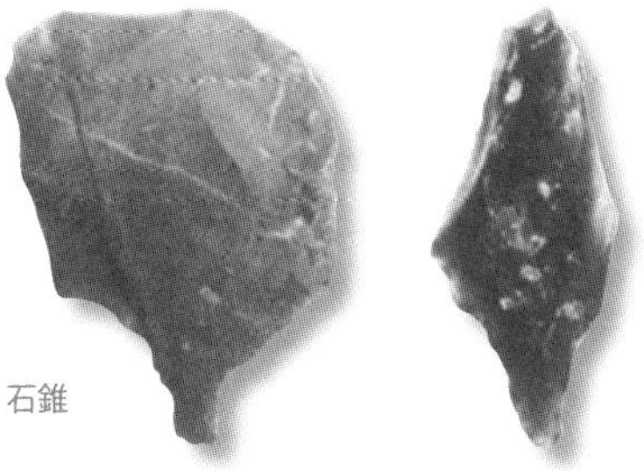

石錐

［画像提供］
原村教育委員会

もっと知りたいキミへ！
阿久遺跡…長野県諏訪郡原村

西田遺跡《にしだ》 岩手県紫波郡

墓《はか》を中心《ちゅうしん》にした集落《しゅうらく》

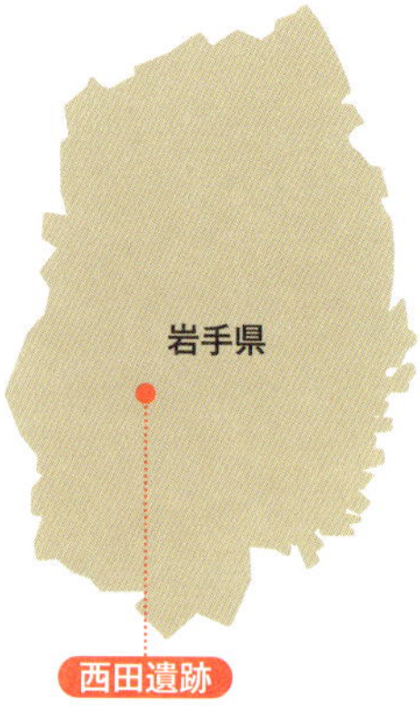

縄文時代のムラは竪穴住居《たてあなじゅうきょ》がいくつか集まって成《な》り立《た》っていますが、それを私たちは集落《しゅうらく》とよんでいます。縄文時代の集落には、竪穴住居が広場《ひろば》を中心として環状《かんじょう》にめぐるものがよくあり、それを環状集落《かんじょうしゅうらく》とよんでいます。

縄文時代の環状集落は、千葉《ちば》県の姥山貝塚《うばやまかいづか》などの発掘《はっくつ》によって、第二次世界大戦《だいにじせかいたいせん》の前からその存在《そんざい》はわかっていました。食べた貝の殻《から》が環状にめぐる環状貝塚《かいづか》、あるいは馬蹄形貝塚《ばていけいかいづか》とよばれる貝塚も、ムラが環状をなしていたことの証拠《しょうこ》の一つに数えられていました。それらは直径《ちょっけい》が100mにおよぶものもあり、竪穴住居も100棟《とう》以上見つかる場合があるので、縄文時代の環状集落にはたくさんの人が住《す》んでいたと考えられています。でも、縄文時代のムラは長い時間かかってできあがったものです。なかには1,000年もかかったムラもありました。発掘調査《はっくつちょうさ》で出てくるムラは生活が終了した状態《じょうたい》ですから、いっときのムラはそれほど多くの住居はなかった、せいぜい2～3棟ほどだろうという意見もあります。

岩手《いわて》県の西田遺跡は縄文時代中期《ちゅうき》の環状集落です。各種《かくしゅ》の施設《しせつ》の配置《はいち》がみごとに発掘された例《れい》として、たいへん有名になりました。環状集落の中心にあるのは墓《はか》です。長さが1.5mほどの細長い小判形《こばんがた》をした墓が200基《き》ほど、環状につくられています。それをとりまいて長方形の建物が30棟ほどならびます。さらに外側にものをたくわえた穴《あな》があり、かたわらには竪穴住居がつくられていました。竪穴住居は住まいだったので、墓をとりまく建物は死者《ししゃ》に対するまつりの施設

キャリパー型とよばれる土器。
高さ44.5㎝。

住居跡から出土した土器。
左：高さ20.6㎝。
上：高さ26.7㎝。

墓がたくさん見つかりました。

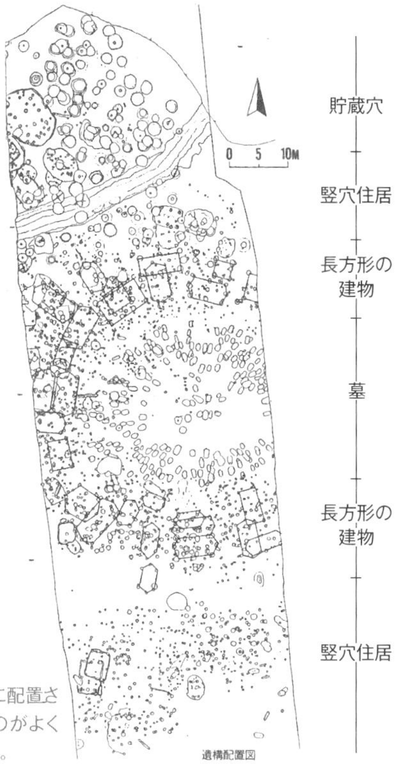

同心円状に配置されているのがよくわかります。

とみなされています。道路建設《どうろけんせつ》のための発掘調査なのでムラを丸ごと掘《ほ》り出したわけではありませんが、環状集落の直径が100mをこえることは確実《かくじつ》でしょう。

おもしろいのは環状の墓が集落の中心にあることです。さらに数基《すうき》ずつ2列《れつ》の墓が環状墓地の真ん中にあることも注意しなくてはなりません。環状の墓はいくつかのグループから成り立っていますが、たぶん血縁関係《けつえんかんけい》が強い人びとのまとまりなのでしょう。こうしたことから、ムラは血縁からなる複数《ふくすう》の集団が死者を中心として暮《く》らしていたことがわかります。中心となる墓は、もしかするとムラをつくったご先祖様《せんぞさま》かもしれません。ムラの結束《けっそく》の原点《げんてん》は祖先であり、祖先のまつりが人びとをつないでいたのでしょう。

このような計画性をもったムラが一時期《いちじき》でできあがったものではないにしても、少なくとも2～3棟の住居で暮らしていたというよりは、もっと規模の大きなムラがあったことを考えたほうがよいと思います。

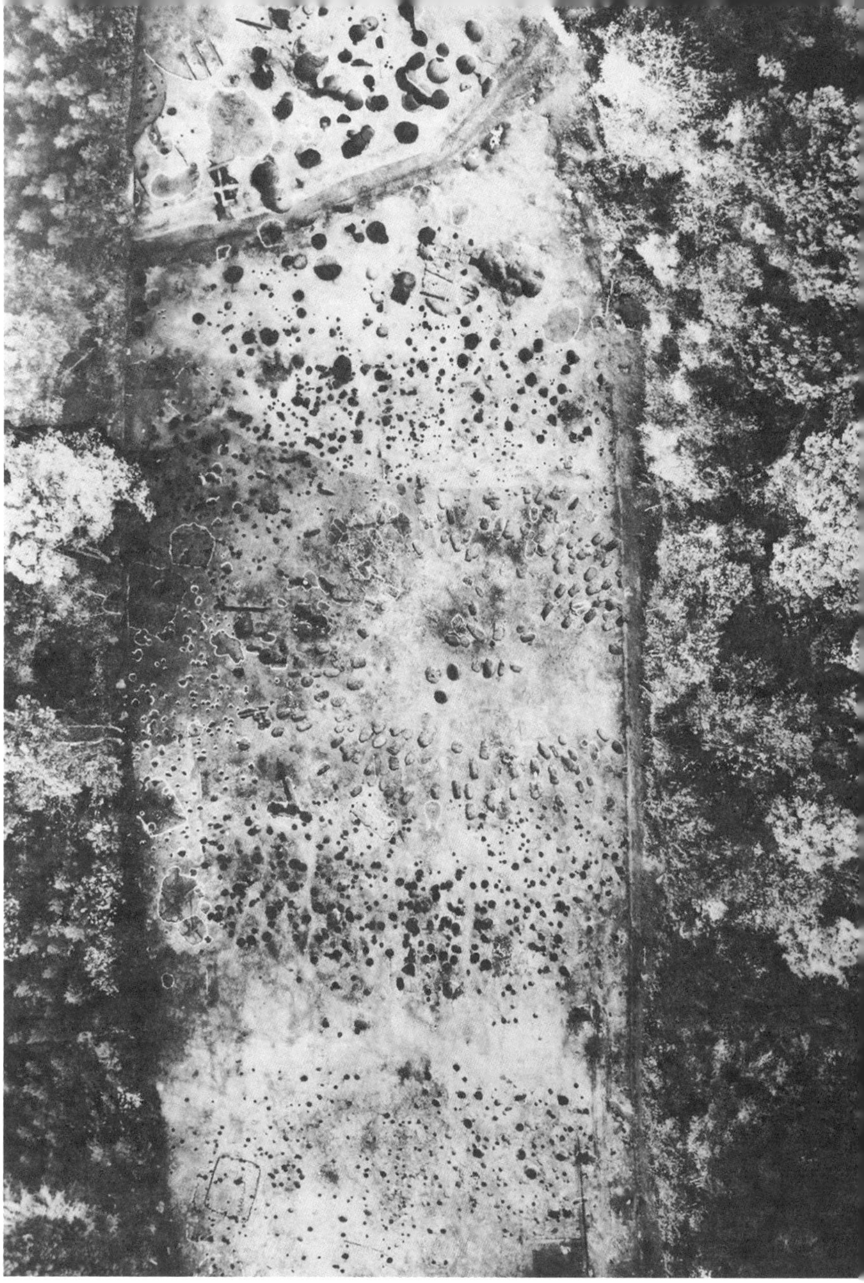
西田遺跡の環状集落のようす。

土偶や土製品。

［画像提供］岩手県教育委員会

もっと知りたいキミへ！
西田遺跡…岩手県紫波郡紫波町

井戸尻《いどじり》遺跡 長野県諏訪郡

八《やつ》ヶ《が》岳《たけ》南《なん》麓《ろく》に栄《さか》えた縄《じょう》文《もん》の華《はな》

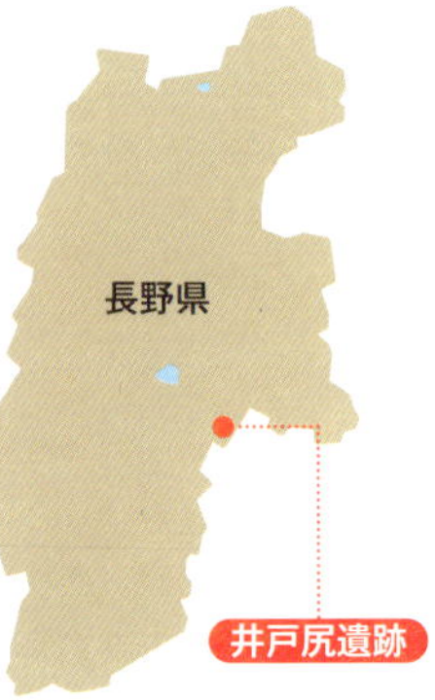

八ヶ岳南麓《やつがたけなんろく》の地域《ちいき》は、いまからおよそ5,000年前、縄文時代中期《ちゅうき》の遺跡の宝庫《ほうこ》です。井戸尻遺跡は、それを代表する遺跡です。長野《ながの》県や山梨《やまなし》県などの縄文中期の文化《ぶんか》の特徴《とくちょう》は、なんといっても豪快《ごうかい》な土器《どき》でしょう。中期になると立体的《りったいてき》な装飾《そうしょく》がはげしさをましていきます。土器の表面《ひょうめん》は粘土《ねんど》のひもが縦横無尽《じゅうおうむじん》にはりつけられて、渦巻《うずま》き文《もん》やヘビのような文様《もんよう》でうめつくされました。とくに土器の口の部分に二つの突起《とっき》をつけて、ぐるぐると渦巻き文を連《つら》ねた土器は、新潟《にいがた》県方面の火焔土器《かえんどき》とならぶ、原始芸術《げんしげいじゅつ》の最高峰《さいこうほう》です。

井戸尻遺跡の人びとの食料はなんだったのでしょうか。それを考える手がかりは、石器《せっき》にあります。石の矢《や》じりは獣《けもの》をとるための弓矢《ゆみや》に使ったものですが、これはたいへんに少なく、そのかわりたくさん出てくるのは薄《うす》っぺらな石斧《せきふ》と石皿《いしざら》と磨石《すりいし》です。石斧といっても木を切るためのものではなく、土を掘《ほ》るための道具です。石皿と磨石は木の実をたたき割《わ》ったりすりつぶすためのものです。つまり、井戸尻の人びとは獣よりも木の実類《るい》をたくさん食べていました。ある住居《じゅうきょ》の床《ゆか》からはクリの実がたくさん出てきましたし、デンプン質《しつ》からなるコッペパン状《じょう》の炭化《たんか》した塊《かたまり》も出土《しゅつど》しました。

なぜ中部山岳《ちゅうぶさんがく》地方の八ヶ岳南麓の縄文中期に、このような文化が栄《さか》えたのでしょうか。たんに、木の実だけを求《もと》めていたのでしょうか。この地に生まれた考古学者《こうこがくしゃ》、藤森栄一《ふじもりえいいち》さんはその理由を農耕《のうこう》に求めました。縄文中期の中部山岳地方では、土偶《どぐう》もたくさん出土

水煙渦巻文深鉢。
高さ約43㎝。

樽形有孔鍔付土器。
高さ35.5㎝。

藤森栄一さん。縄文中期農耕論の提唱など考古学に情熱をかけた生涯は、広く人びとに大きな影響をあたえ続けています。

復元された竪穴住居からは八ヶ岳の山々をのぞむことができます。

します。それを地母神《ちぼしん》という土地の生産《せいさん》の神と見立てたのです。大量に出土する土掘り具《つちほぐ》の石器は畑作業にもちいたと考えました。

藤森さんのこの考えは、縄文中期農耕論《じょうもんちゅうきのうこうろん》として有名になりました。縄文時代は採集《さいしゅう》狩猟《しゅりょう》という自然の恵《めぐ》みをそのまま利用する生活だったと考えられていたのに、食料をみずからつくりだしていたというのです。しかし、肝心《かんじん》の作物《さくもつ》が残っていません。アワという雑《ざっ》穀《こく》の炭化した粒《つぶ》がたくさん見つかったという報道《ほうどう》にわいたこともありましたが、よく調べてみるとそれはシソの仲間、エゴマでした。これも人が育てていた種類《しゅるい》ですから、農耕の一種《いっしゅ》といえるのですが、腹持《はらも》ちのよい食べ物ではありません。ところが最近、土器の表面のくぼみを顕微鏡《けんびきょう》で観察《かんさつ》し、何だったのか調べる調査《ちょうさ》が進み、ダイズの抜《ぬ》けた跡《あと》があることがわかりました。植物食《しょくぶつしょく》の採集を中心にして、一部マメ類《るい》を育てていたのが、中期農耕の実相《じっそう》なのかもしれません。

頭の上に蛇がとぐろをまいた文様のある土偶。高さ10.5㎝。

石皿と磨石。

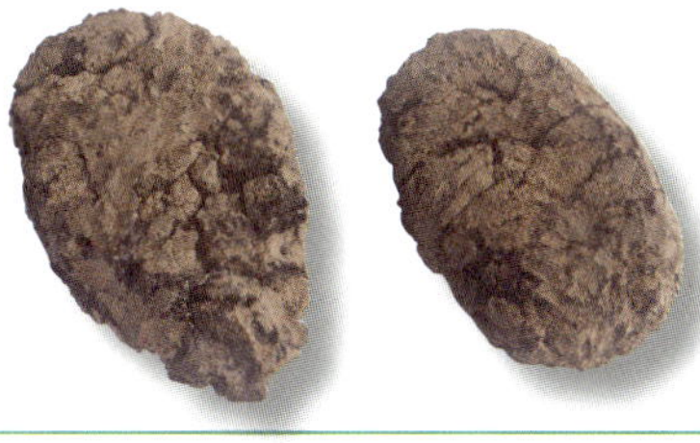

炭化したパンのようなものが見つかりました。約16～17㎝。

［画像提供］
井戸尻考古館
諏訪市博物館

もっと知りたいキミへ！
井戸尻遺跡…長野県諏訪郡富士見町境7053　井戸尻考古館（井戸尻史跡公園内）

青《あお》田《た》遺跡 新潟県新発田市

川《かわ》辺《べ》にあった大《おお》きなムラ

みなさんは、縄文時代の遺跡というと、台《だい》地《ち》の上にあるムラを想像《そうぞう》すると思います。しかし、縄文人の活動はいろいろな場所でおこなわれていました。ここで紹介《しょうかい》する青田遺跡は、平野《へいや》の川辺にかなり大きなムラをつくって住《す》んでいた典型的《てんけいてき》な例《れい》です。

水につかったような場所のある遺跡を低《てい》湿地《しっち》遺跡とよんでいますが、考古学者《こうこがくしゃ》にとって低湿地遺跡は研究《けんきゅう》の宝庫《ほうこ》です。なぜならば、水とそれによって運ばれた土砂《どしゃ》が混《ま》じった泥《どろ》で施設《しせつ》や遺物《いぶつ》がパックされ、バクテリアの繁殖《はんしょく》がおさえられて植物質《しょくぶつしつ》の遺物が腐《くさ》らずに残っている場合があるからです。それにしても川のそばですから湿気《しっけ》があって住みにくいと思いますが、いろいろな工夫《くふう》をして快適《かいてき》な環境《かんきょう》をつくっていました。

青田遺跡は縄文時代晩期《ばんき》の終わり頃の遺跡です。縄文時代には竪穴住居《たてあなじゅうきょ》が一般的《いっぱんてき》ですが、ここでは掘立柱建物《ほったてばしらたてもの》といって、地面に直接柱《はしら》を立ててつくった住居に住んでいました。建物の柱が残っており、復元《ふくげん》すると58棟《とう》になります。川に沿《そ》ってずらりとならんで建っていたようです。建築材《けんちくざい》の３分の１はクリ材《ざい》でした。竪穴住居だと川の氾濫《はんらん》で埋《う》まってしまう場合もありますが、床を高くした建物をつくってそれを防《ふせ》いでいたと考えられています。太い木と細い木を縦横《たてよこ》に組んだ建物の壁も、そっくりそのまま出土《しゅつど》しました。

柱の下には沈《しず》みこまないように、礎板《そばん》という板が敷《し》かれていました。この建築方法《けんちくほうほう》は、静岡《しずおか》県にある登呂《とろ》遺跡の弥生《やよい》時代の住居にみられるもので、弥生時代の文化《ぶんか》のおおもとがすでに縄文時代にあったことがわかる一例《いちれい》です。

川岸からクリの実の殻《から》が大量に出土し、クルミやトチノキの実もかなり見つかっていま

大型掘立柱建物の柱。クリやクヌギの木が使われていました。[下] 出土した丸木舟は、残っている部分の長さが約5.4m、最大幅約75㎝、トチノキ製です。

赤い漆が塗られた糸玉。

Photo by T.Ogawa

床に草材が敷かれた貯蔵穴です。幅・約1.2m、深さ・約46cm。むこうに見えるのは建物の柱の根元です。

す。おもにクルミを貯蔵《ちょぞう》した穴も70ほど見つかりました。この穴はヤナギ属《ぞく》の木の枝を底に敷き、その上にマタタビ属のつるを敷きつめて、直接《ちょくせつ》土に木の実がふれないようにしていました。水分をふくんだ場所に穴を掘って貯蔵したのは、外皮《がいひ》が早く腐って実を取り出しやすくなるなど、さまざまな工夫がこらされたからだと考えられています。

漆《うるし》を塗《ぬ》った櫛《くし》や糸玉《いとだま》なども出土しました。糸玉というのは、カラムシなどの木の繊維《せんい》をよって漆で塗りかためた細くて長い糸状《いとじょう》のものを巻《ま》いた束《たば》で、東日本《ひがしにほん》の低湿地遺跡ではよく見つかっています。漆にはベンガラという酸化第二鉄《さんかだいにてつ》を混《ま》ぜているので、糸玉は真っ赤です。糸玉の製作《せいさく》は縄文時代前期《ぜんき》にさかのぼり、新潟《にいがた》県の大武《だいぶ》遺跡から出土した首《くび》飾《かざ》りとされる装身具《そうしんぐ》にも使われていました。

丸木舟《まるきぶね》やそれをこぐのに使った櫂《かい》も出土しています。川を利用して、よその地域《ちいき》から石器《せっき》の原料《げんりょう》を手に入れるなど、河川《かせん》の交通も盛《さか》んにおこなわれていたことがわかります。

捨てられていた大量のクリの実の殻。

Photo by T.Ogawa

壁材。縦・約1.5m、横・約1.4m。格子状に編んだ木枠にアシ類の草がふかれていました。

「筌（うけ）」とよばれる、魚をとる道具ではないかと思われる編み物。長さ69cm。

Photo by T.Ogawa

［画像提供］
新潟県教育委員会

もっと知りたいキミへ!
青田遺跡…新潟県新発田市／新潟県埋蔵文化財センター…新潟県新潟市秋葉区金津93-1／
新潟県立歴史博物館…新潟県長岡市関原1丁目字権現堂2247-2

鳥《とり》浜《はま》貝《かい》塚《づか》 福井県三方上中郡

縄《じょう》文《もん》時《じ》代《だい》のタイムカプセル

丸木舟も見つかりました。スギ材でつくられた、日本最古のものです。全長6.08m。

若狭湾《わかさわん》の奥《おく》にはいくつもの湖《みずうみ》がありますが、そのうちの一つ、もっとも奥にある三方《みかた》湖《こ》のそばに鳥浜貝塚はあります。この湖に流れこむ川の支流《しりゅう》、高瀬川《たかせがわ》を改修《かいしゅう》するために工事をしたところ、おびただしい貝や獣《けもの》の骨にまじって土器《どき》が出てきました。1961年（昭和36）、貝塚の新発見です。

この貝塚には変わった点がありました。ふつうの貝塚ですと、ドングリなどの木の実や木材《もくざい》はめったに残りません。これは貝塚がすき間の多い積《つ》み重《かさ》なりのため空気にふれやすく、木質《もくしつ》のものが腐《くさ》ってしまうからです。ところが、湖に近く海抜《かいばつ》－《マイナス》3mほどの低地にある鳥浜貝塚は水分《すいぶん》を多くふくんでいたため、植物質《しょくぶつしつ》の遺物《いぶつ》がよく残っていました。出てきた土器から、この貝塚は縄文時代草《そう》創期《そうき》から中期《ちゅうき》という、およそ13,000年前から5,000年前におよんでいることがわかりました。

この遺跡から出土《しゅつど》した植物質の遺物をあげてみましょう。まず、丸木舟《まるきぶね》があります。これは日本列島でもっとも古い縄文早期の丸木舟の一つです。こぐための櫂《かい》も出土しました。大麻《たいま》をよってつくった縄《なわ》、アカソという植物の樹皮《じゅひ》をつかったアンギンという編《あ》み物《もの》は衣服《いふく》の残片《ざんぺん》でしょうか。もじり編み、あるいは縦横《たてよこ》に樹皮を編んだアンペラという敷物《しきもの》、ヤブツバキの幹《みき》でつくった櫛《くし》には赤い漆《うるし》が塗《ぬ》られていました。斧《おの》の柄《え》もたくさん出ました。どれもふつうの貝塚では消えさってしまうものです。台地の上のふつうのムラ跡《あと》では消えてしまう植物質のものがたくさん残っていたことから、鳥浜貝塚は縄文時代のタイムカプセルとよばれています。

縄文時代の東日本《ひがしにほん》は、ブナ、ナラ林という落葉広葉樹林《らくようこうようじゅりん》がおもな生活の舞台《ぶたい》でした。そこではクリやクヌギなど、さまざまな生活《せいかつ》資材《しざい》をつくるための樹木を豊富《ほうふ》に手に入れること

木製の櫂。右端・長さ90.5㎝。

ヒョウタンの皮。

石斧の柄。長さ50㎝前後。

発掘時のようす。現在は水没しています。

ができます。鳥浜貝塚のさまざまな木の道具を見ていると、縄文文化《ぶんか》が木の文化だったことが実感《じっかん》できるでしょう。

鳥浜貝塚を有名にしたのが、ヒョウタンやエゴマ、ゴボウの果実《かじつ》や種子《しゅし》が出土したことです。これらは野生のものではなく、縄文人が栽培《さいばい》していたものです。弥生《やよい》時代には稲《いね》をはじめとする穀物《こくもつ》が栽培されました。弥生人は農耕《のうこう》をして暮《く》らしていたのです。これに対して縄文時代は栽培植物《さいばいしょくぶつ》が見つかることはめったになく、縄文時代に農耕があったのかなかったのか、長い間議論《ぎろん》が続いていました。鳥浜貝塚は、縄文時代に植物栽培がおこなわれていたことを裏付《うらづ》けました。ただし、エゴマは漆にまぜて使い、ヒョウタンは容器《ようき》に使ったのかもしれません。縄文時代の栽培植物は主食《しゅしょく》をまかなうようなものではなかったようです。

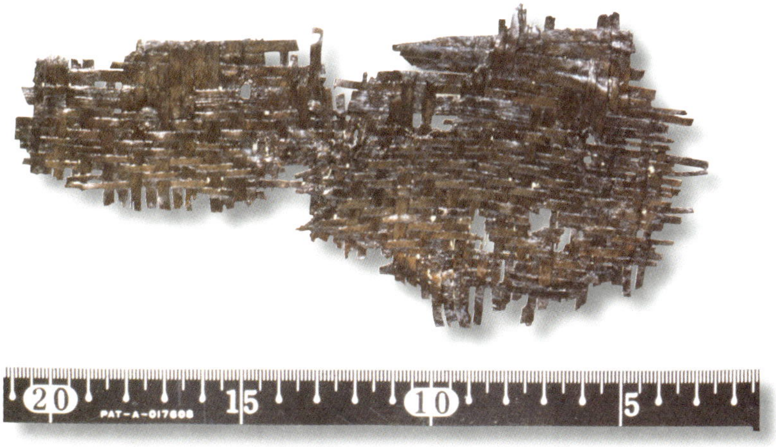

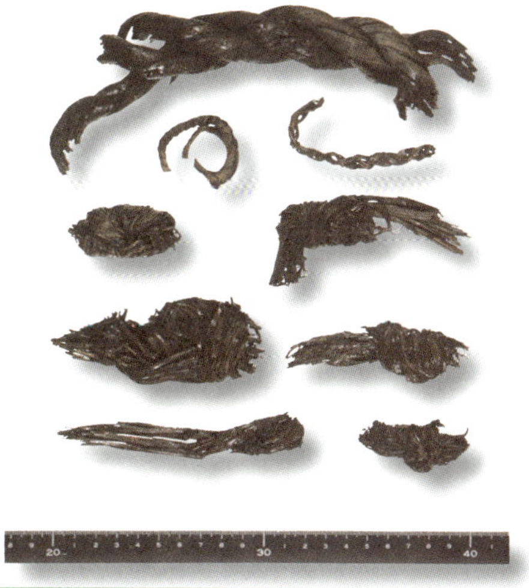

［上］編み物。カゴなどに使ったのでしょうか。長さ18.2㎝。
［下］いろいろな縄。いちばん上：長さ20㎝。

［画像提供］
福井県立若狭歴史民俗資料館

もっと知りたいキミへ！
鳥浜貝塚…福井県三方上中郡若狭町鳥浜 122-12-1　若狭三方縄文博物館

霧《きり》ヶ《が》丘《おか》遺跡 神奈川県横浜市

縄文時代《じょうもんじだい》のおとし穴《あな》がはじめて見《み》つかった

1960～70年代の日本列島は高度経済《こうどけいざい》成長《せいちょう》のまっただなかでした。大きな団地《だんち》や工場《こうじょう》、高速道路《こうそくどうろ》や新幹線《しんかんせん》が次《つぎ》から次へとつくられました。日本列島は古代《こだい》の人びとの遺跡の宝庫《ほうこ》でもありますから、工事《こうじ》のたびに発掘調査《はっくつちょうさ》がおこなわれ、その規模《きぼ》もだんだん大きくなっていきました。

横浜《よこはま》市の霧ヶ丘《きりがおか》に団地の造成計画《ぞうせいけいかく》がもちあがったのは、1970年（昭和《しょうわ》45）のことです。多摩丘陵《たまきゅうりょう》の一角《いっかく》に建設《けんせつ》が計画された団地は広大《こうだい》なものでした。この丘陵は恩《おん》田川《だがわ》に流れこむいくつもの小さな川で浸食《しんしょく》されて、いりくんだヤツデの葉のような地形《ちけい》をしています。丘陵上をくまなく歩いて遺物《いぶつ》の落ちている箇所《かしょ》を確かめたところ、尾根上《おねうえ》や縁《ふち》に9か所にわたって遺物の散布《さんぷ》が確認《かくにん》されました。

発掘調査を始めたところ、この付近《ふきん》の丘陵や台地《だいち》でよく見つかる竪穴住居跡《たてあなじゅうきょあと》はほとんどなく、遺物もあまり出土《しゅつど》しないので、みんながっかりしてしまいました。ところが、第3地区で出土した楕円形《だえんけい》の土坑《どこう》が、縄文《じょうもん》人《じん》が狩《か》りに使ったおとし穴《あな》ではないかという意見《いけん》が調査者の間で出されます。土坑の底《そこ》に先をとがらせた棒《ぼう》を立てた穴もあるのでは？ と想像《そうぞう》まじりに話していたところが、底をきれいにしてつぶさに観察《かんさつ》すると、本当に小さな穴がたくさんあいているのが発見されました。

これはたいへんだということになり、思いきってブルドーザーで広い範囲《はんい》の土をはがしました。その結果《けっか》、いくつかの地区で土坑が総数《そうすう》100基《き》以上も発見されたのです。時《じ》期《き》は縄文時代早期《そうき》でした。台地の平坦面《へいたんめん》や丘陵にいたる斜面《しゃめん》、丘陵の尾根上にまで、土坑は分布《ぶんぷ》していました。土坑の形は楕円

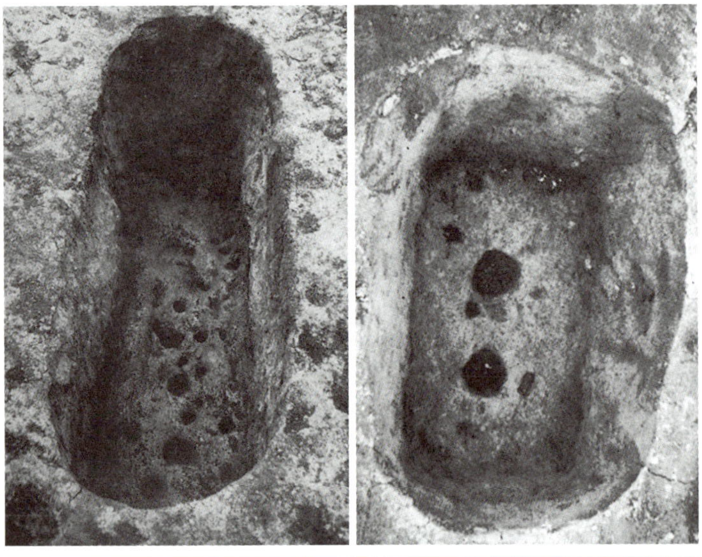

［左］幅約50cmのおとし穴。底には32個の小さな穴がありました。［右］幅約51cm。底には大小6個の穴があいていました。

見つかった石鏃。左端の一番大きなもので長さ約5cm。

たくさんのおとし穴が見つかりました。

形、長軸《ちょうじく》が 80㎝～150㎝位のものが多く、かなり細長いものもあります。深《ふか》いものでは、150㎝ほどのものがあります。このように、集落《しゅうらく》からはなれた尾根から台地の平坦面まで一面《いちめん》に分布《ぶんぷ》し、遺物も少ないこの土坑は、形や大きさからも動物のおとし穴と考えざるをえないという結論《けつろん》が出されました。獲物《えもの》は、ニホンジカやイノシシなど、けもの道を移動《いどう》する性質《せいしつ》をもった動物だったのでしょう。

それまで、縄文時代の狩猟《しゅりょう》は弓矢《ゆみや》をもちいておこなわれたと考えられ、だれもおとし穴の存在《そんざい》は注意しませんでした。その後、全国で数知れず見つかるようになり、さらに旧石器時代にまでさかのぼるようになったのは、旧石器時代のところでお話ししたとおりです。

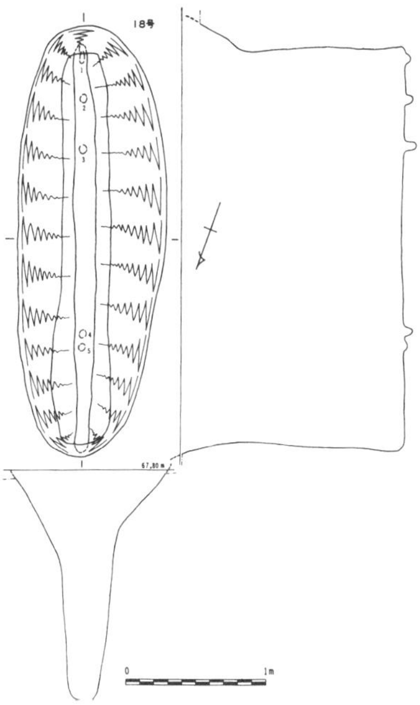

［左］長さ約 3m。
［下］長さ約 2m。どちらも 1m 以上の深さがあります。

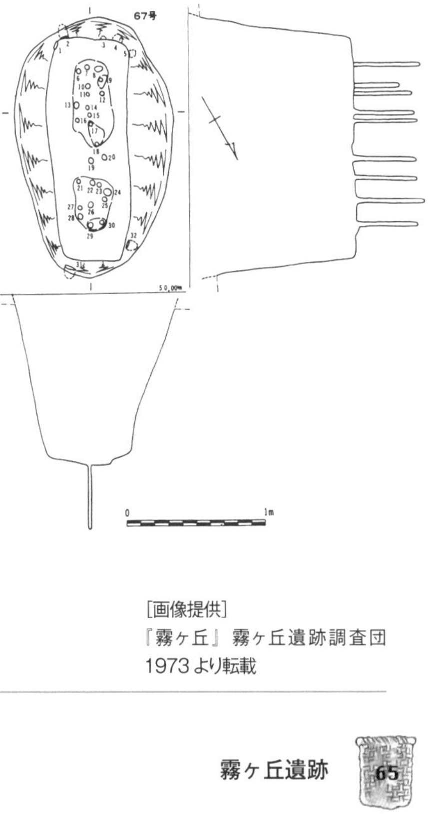

［画像提供］
『霧ヶ丘』霧ヶ丘遺跡調査団 1973 より転載

もっと知りたいキミへ！
霧ヶ丘遺跡…神奈川県横浜市緑区霧ヶ丘

赤《あか》山《やま》陣《じん》屋《や》遺跡 埼玉県川口市

ドングリ類《るい》の水《みず》さらし場《ば》が見《み》つかった

縄文《じょうもん》時代の東日本《ひがしにほん》には、トチやコナラなどのブナ・ナラ林である落葉広葉樹林《らくようこうようじゅりん》が広がりました。トチはクルミなどと同じようにとても高カロリーの食料です。西日本《にしにほん》では照《しょう》葉樹林《ようじゅりん》が発達《はったつ》して、シラカシやシイなどがおもな食用《しょくよう》の木の実でしたが、カロリーはトチなどにくらべるとそれほど高くありません。東日本の縄文時代の集落《しゅうらく》が西日本と比較《ひかく》すると大型で人口も多かったのは、そのような自然環境《しぜんかんきょう》のちがいが一つの原因《げんいん》と考えられています。

西日本のカシ・シイはアク抜《ぬ》きをせずとも食べられますが、東日本に多いトチはアクを抜かないことには食べられません。アクはタンニンなどをふくみ、「渋《しぶ》み」「苦《にが》み」の成《せい》分《ぶん》だけでなく、体に毒《どく》なのです。東日本ではアク抜きのための施設《しせつ》が発達《はったつ》しました。トチは寒冷《かんれい》な気候《きこう》を好《この》みますので、アク抜きの施設は東日本の縄文時代後《こう》・晩期《ばんき》の遺跡からたくさん見つかっています。

そのうちの一つに、埼玉《さいたま》県の赤山陣屋《あかやまじんや》遺跡があります。この遺跡は低湿地《ていしっち》にありますので、木組《きぐ》みの施設がよく残っていました。なぜ低湿地にあるかというと、アク抜きには水さらしが必要《ひつよう》になるから水場《みずば》に施設を設《もう》けたのです。

では実際《じっさい》にどのような施設だったのか、見ていきましょう。トチを水づけして虫を殺《ころ》したのではないかといわれる施設があります。底に板《いた》を敷《し》きわたし、杭《くい》を打《う》って横板《よこいた》と縦板《たていた》を組んで土止《どど》めとして四角い枠組《わくぐ》みをつくってあります。水さらしの施設は、杭を打っていくつかの長方形《ちょうほうけい》の区画《くかく》をつくり、縦木《たてぎ》と横木《よこぎ》で枠《わく》をつくってあります。この上

復元された土器。ドングリ類の煮沸に使いました。高さ37.6㎝。

水さらし場のわきにおかれた木の板。

に簀《す》の子《こ》のようなものを敷き、水を引いて水さらしをしたと考えられています。

この施設のわきには長い板が敷かれていましたが、作業《さぎょう》をするのに泥《どろ》がまき上がるのを防《ふせ》いだのでしょう。ほかの遺跡では、水さらし場の底に石が敷かれ、常《つね》に清浄《せいじょう》に保《たも》つような工夫《くふう》もみられます。そのとなりにはトチの実の殻《から》が山のようになっていました。板《いた》材《ざい》はおもにクリの木をもちいていました。

今でもトチを加工《かこう》して食料にしている人びとの方法によれば、トチは粉《こな》にしてから灰《はい》を入れて煮沸《しゃふつ》したうえで水さらしをします。この遺跡からは煮《に》たきにもちいた土器《どき》や粉にするための石皿《いしざら》なども出土しました。施設の複雑《ふくざつ》さなどからも、縄文時代の食料加工《しょくりょうかこう》技術《ぎじゅつ》のレベルはとても高いものだったといってよいでしょう。

遺跡から1㎞ほどはなれた場所には猿貝《さるかい》貝塚や宮合《みやあい》貝塚、石神《いしがみ》貝塚などが赤山陣屋遺跡のアク抜き施設をとりまくように存在《そんざい》しています。これらの集落《しゅうらく》の人びとが寄《よ》り集まって作業をした、共同作業場《きょうどうさぎょうば》だったのではないかと考えられています。

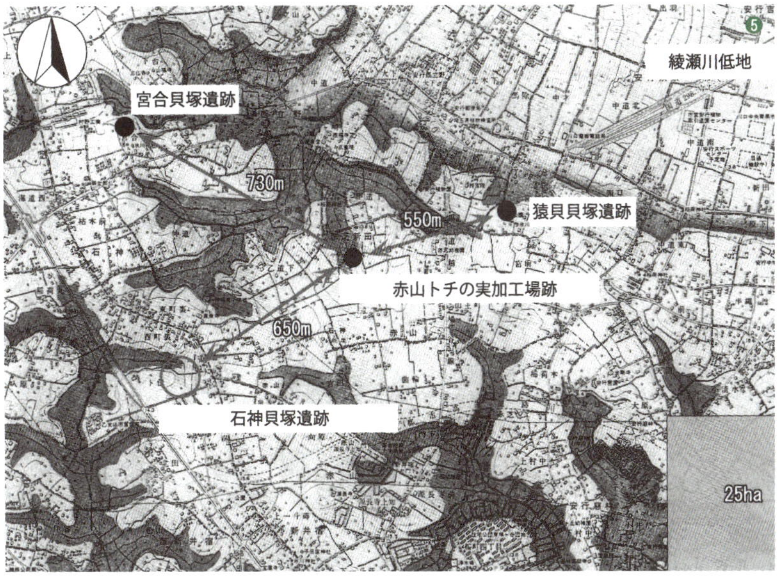

❶トチの実を水にさらすために板で囲んだ水槽だと考えられています。
❷❸トチの実の加工場の跡。❹トチの実の殻が大量に見つかりました。
❺赤山陣屋遺跡のトチの実加工場と周辺の集落との関係も考えられています。

[参考]
「埼玉県赤山陣屋跡遺跡」金箱文夫『季刊考古学』第55号、雄山閣　1996
[画像提供] 川口市教育委員会

もっと知りたいキミへ!
赤山陣屋遺跡…埼玉県川口市本町１丁目 17-1　川口市立文化財センター

新田野貝塚《にったのかいづか》 千葉県いすみ市

縄文時代《じょうもんじだい》の分業《ぶんぎょう》のしくみがわかった

新田野貝塚は、房総半島《ぼうそうはんとう》の太平洋側《たいへいようがわ》にあります。夷隅川《いすみがわ》をさかのぼること、およそ10㎞の内陸《ないりく》にあります。貝塚は何枚《なんまい》もの貝の層《そう》が積《つ》み重《かさ》なっていましたが、上の方の貝層は縄文時代中期《ちゅうき》のはじめ（およそ5,500年前）、下の方の貝層は縄文時代前期《ぜんき》のはじめ（およそ7,000年前）です。

縄文時代早期《そうき》から前期にかけては、日本列島がもっとも温暖《おんだん》だった時期《じき》で、縄文海進とよばれるように、海が内陸にまでおよんでいました。中期になるとじょじょに寒くなり、海はしりぞいていきました。

貝塚は、当時の人びとが食べもののかすを捨《す》ててできた堆積物《たいせきぶつ》です。堆積層のなかには貝殻《かいがら》や魚骨などがつまっています。前期と中期の貝塚では、出てくるものが同じなのか、ちがうのか、またその割合《わりあい》はどのように変化《へんか》していったのか、調《しら》べるといろいろなことがわかりそうです。このような着眼点《ちゃくがんてん》にもとづいて、貝層を層位《そうい》ごとに掘《ほ》って袋《ふくろ》につめて研究室《けんきゅうしつ》に持って帰り、分析《ぶんせき》されました。掘ってきた土をフルイにあけ、シャワーで水を流しながら、食べかすが回収《かいしゅう》されました。こうすることで、現場《げんば》では見逃《みのが》してしまうような、たとえばカタクチイワシなどの細《こま》かい骨まで拾《ひろ》うことができるのです。

その結果《けっか》、縄文時代前期の貝層では、二枚貝《にまいがい》はオキシジミという海の貝が、ヤマトシジミという海と川の水の入り混《ま》じるところにすむ貝と同じくらい入っていることがわかりました。魚骨はスズキがもっとも多く、ボラ、クロダイがそれについで多い魚でした。どれも内湾《ないわん》の海の魚です。これに対して、縄

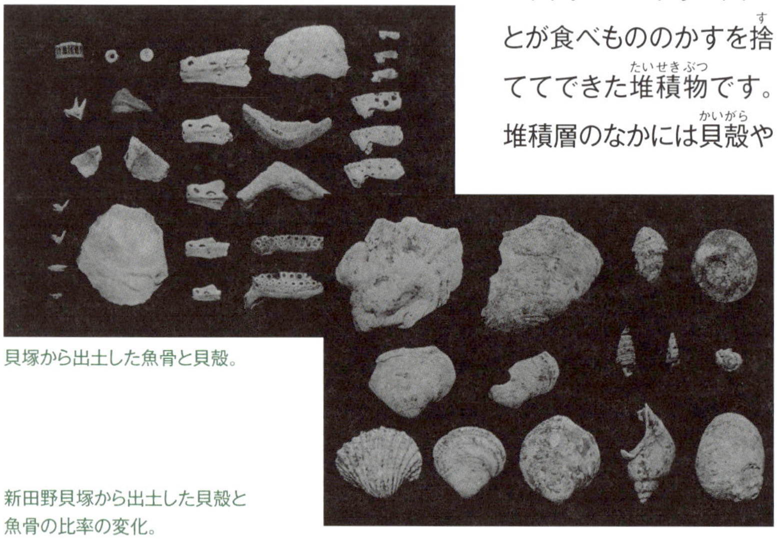
貝塚から出土した魚骨と貝殻。

新田野貝塚から出土した貝殻と魚骨の比率の変化。

		縄文前期	縄文中期
二枚貝	オキシジミ	46%	0.36%
	ヤマトシジミ	42%	99.51%
	その他	11.67%	0.13%
魚類	スズキ	42.35%	36.22%
	クロダイ	25.83%	18.11%
	ボラ	22.52%	33.86%
	その他	9.30%	11.81%

新田野貝塚の位置

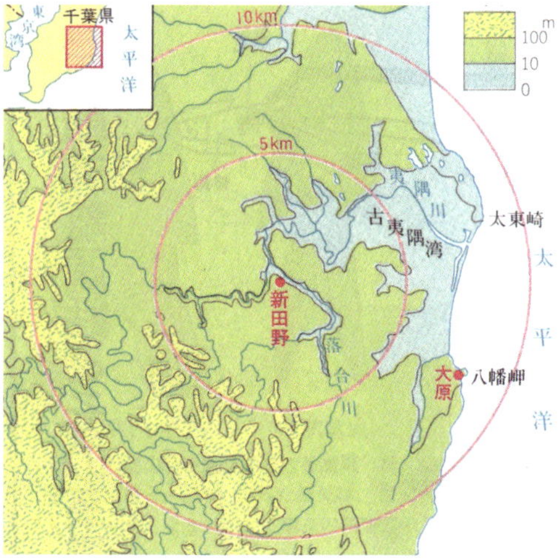

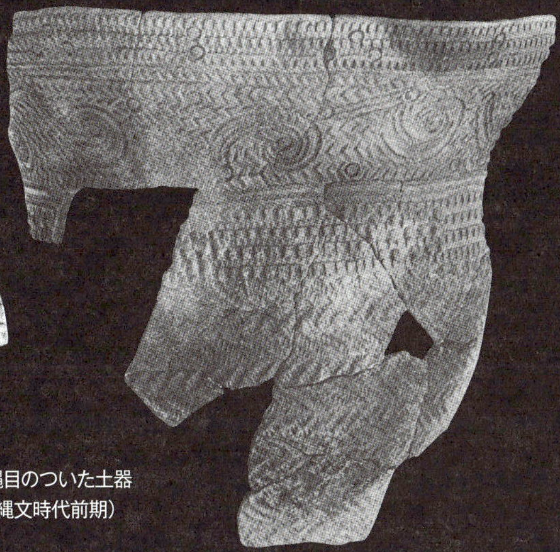

縄目のついた土器
（縄文時代前期）

新田野貝塚の発掘調査。土層の断面に白くみえるのが貝層です

線描き文様のある土器
（縄文時代中期）。

縄目のあとが美しい土器（縄文時代前期）千葉県松戸市幸田貝塚出土。高さ45.4㎝。

文時代中期の貝層では、二枚貝はヤマトシジミが 100%近くになっていたのに対して、魚の順位《じゅんい》と比率《ひりつ》は変わりませんでした。魚の好《この》みは変わらなかったのに、貝はヤマトシジミが大好きになったのでしょうか。そうではありません。中期には寒くなって海がしりぞいていってしまい、ムラの近所《きんじょ》で海の貝がとれなくなってしまったのです。

では、魚も海の魚がとれなくなってよさそうなものを、あいかわらずそれをとっています。これはいったいなぜでしょうか。ムラから10㎞近くはなれてしまった海岸にまで、遠征《えんせい》してとりにいった結果でしょう。世界中の近代化以前《きんだいかいぜん》の部族《ぶぞく》の人びとの生活を追《お》いかけたデータがあります。それによると、狩《か》りや漁撈《ぎょろう》は男が主体《しゅたい》の仕事で、貝の採集《さいしゅう》は女が主体の仕事という傾向《けいこう》が観察《かんさつ》されています。近代化以前の女性は、子どもの世話《せわ》や家事《かじ》をこなさなくてはならなかったので、家の近所をはなれることはできなかったのです。それに対して、男性は遠出《とおで》しておいしい海の魚をとってきました。縄文時代の社会は、生活のための仕事が男女によってわかれているという、世界の前近代社会《ぜんきんだいしゃかい》の傾向、採集狩猟民《さいしゅうしゅりょうみん》と一致《いっち》した傾向をもっていたことがわかったのです。

［出典・参考］
『新田野貝塚』立教大学考古学研究会1975／『縄文時代の東・西』松戸市立博物館2008／『日本史誕生』佐々木高明　集英社1991

もっと知りたいキミへ！
新田野貝塚…千葉県いすみ市新田野

中《なか》里《ざと》貝《かい》塚《づか》 東京都北区

とてつもなく広《こう》大《だい》な貝《かい》の加《か》工《こう》場《ば》

中里貝塚は、東京《とうきょう》都北区《きたく》にあります。縄文時代は今よりも暖《あたた》かく、東京湾《とうきょうわん》が奥深《おくふか》く入りこんでいましたが、中里貝塚は当時の東京湾の西側、標高《ひょうこう》3mの浜辺《はまべ》に位置していました。この貝塚は、古くは明治《めいじ》時代から注目されてきました。19世紀《せいき》の末《すえ》に描《えが》かれた、台地《だいち》の上から貝塚を見下ろしたスケッチも残されています。

この貝塚が注目されたのは理由があります。とにかく、とてつもなく大きな貝塚なのです。東西500m、南北100mという広さです。明治時代のスケッチにも、何枚もの田んぼにわたって点々と貝殻《かいがら》が散《ち》らばっているようすが描かれています。また、最近の発掘調査《はっくつちょうさ》によって、貝殻は、なんと4m以上の高さにまで積《つ》み重《かさ》なっていることがわかりました。千葉県の加曽利《かそり》貝塚は、直径《ちょっけい》130mの環状《かんじょう》の北《きた》貝塚と、長径《ちょうけい》170mの馬蹄形《ばていけい》の南《みなみ》貝塚からなりますが、貝の堆積《たいせき》は約2mです。中里貝塚がいかに大きな貝塚なのかがわかります。

こんなに大きな貝塚ができたわけは、大きなムラがあって、たくさんの人びとが暮《く》らしていたからなのでしょうか。発掘調査によって出土《しゅつど》した土器《どき》が、縄文時代中期後半《ちゅうきこうはん》の時期《じき》に限られているということは、それほど長くない時期に貝層が積み重なっていることになりますから、これがムラの人びとの食べカスを捨《す》てたものだったとすれば、そうとうな人数になります。

貝塚からは貝殻のほかに、人びとが使った道具《どうぐ》がたくさん出土するのがふつうです。ところが、この貝塚からは土器をはじめとした道具は、わずかしか出土しません。これは、なぜでしょうか。

おそらく、ここは当時の人びとが貝を加《か》工《こう》していた場所だからでしょう。貝の種類《しゅるい》はほとんどマガキとハマグリです。これらの貝が加工されていたことを証明《しょうめい》するように、焼《や》けた石が入った穴《あな》や焼けた土や木炭《もくたん》などが出土しました。どのような加工品《かこうひん》にしていたのかはよくわかりませんが、煮《に》たきなどで

「中里貝塚ヲ飛鳥山丘続キヨリ望ミタル図」1896年の『東京人類學會雜誌』に掲載されたスケッチ。田んぼの区画のところに点々としているのが貝塚です。

❶貝を加工した跡ではないかと考えられている炭化して黒くなった場所。❷発掘時のようす。❸❹貝塚の厚さは最大で約 4.5m もあります。❺発掘調査地区の全景。

火を通したあとに乾燥《かんそう》させて保存食《ほぞんしょく》にしていたのではないでしょうか。通常《つうじょう》の貝塚は台地の上に集落《しゅうらく》にともなって見つかるのに対して、この貝塚は海のそばにあったことからも、貝をすぐ加工するのにふさわしいといえます。こうした貝塚を「浜貝塚《はまかいづか》」とよぶ人もあり、東京都の伊皿子《いさらご》遺跡や千葉県神門《ごうど》遺跡などで発見されています。

中里貝塚からは、丸木舟《まるきぶね》も見つかりました。おそらく、近隣《きんりん》のいくつかのムラが集まって貝の採集《さいしゅう》を集中《しゅうちゅう》的《てき》におこない、保存食にして食料難《しょくりょうなん》に備《そな》えたり、貝が手に入らない地方の人びととの交換品《こうかんひん》としてたくわえたりしたのではないでしょうか。

［画像提供］
北区飛鳥山博物館

もっと知りたいキミへ!
中里貝塚…東京都北区上中里／北区飛鳥山博物館…東京都北区王子 1-1-3

里《さと》浜《はま》貝《かい》塚《づか》 宮城県東松島市

縄《じょう》文《もん》時《じ》代《だい》のカレンダー

春に芽《め》をふくゼンマイやワラビをとり、春から夏に潮干狩《しおひが》りをおこない、秋には木の実を収穫《しゅうかく》し、冬になると獣《けもの》を狩猟《しゅりょう》する。縄《じょう》文人《もんじん》が四季《しき》を季節《きせつ》ごとに巧《たく》みに利用して、1年の生活サイクルをきずいていたことに注目したのは、小林達雄《こばやしたつお》さんでした。「縄文カレンダー」という言葉も、小林さんの発案《はつあん》です。

この縄文カレンダーが遺跡の発掘調査《はっくつちょうさ》によって、見事に再現《さいげん》されたのが宮城《みやぎ》県の里浜貝塚です。その方法とは、貝塚の堆《たい》積物《せきぶつ》をできるだけ細《こま》かく調査したことです。貝塚は食料の食べカスなど、いらなくなったものを捨《す》てた場所で、毎日それをくりかえすことで厚《あつ》い貝層《かいそう》が積《つ》み重《かさ》なりました。貝ばかりの層の上には土が多い層がのり、その上にはまた貝ばかりの層が重なっているといったように、貝層は一様《いちよう》ではありません。それは、季節ごとあるいは年ごとの人びとの生活のちがいやくりかえしの周期《しゅうき》があらわれているのです。

このような貝層や土層《どそう》の状態《じょうたい》を見極《みきわ》めながら、慎重《しんちょう》な発掘調査がおこなわれました。里浜貝塚西畑地点《にしはたちてん》の貝層は、縄文時代晩《ばん》期後半《きこうはん》の100年ほどの堆積でしたが、500枚《まい》もの層に区別《くべつ》されました。その一枚一枚の層の堆積物を研究室《けんきゅうしつ》にもって帰り、1層ごとフルイにあけてシャワーで水を流しながら土をとりのぞき、遺物《いぶつ》を回収《かいしゅう》していきます。回収される遺物には土器《どき》や石器《せっき》の破片《はへん》、獣骨《じゅうこつ》、魚骨《ぎょこつ》、貝殻《かいがら》などさまざまなものがありますが、種類《しゅるい》ごとに仕分《しわ》けして、何がどれだけの比率《ひりつ》でふくまれているのか、調べるのです。

調べる方法もさまざまです。たとえばアサリには貝殻《かいがら》に1日1本増《ふ》える成長線《せいちょうせん》がありますが、アサリの貝殻を縦《たて》に切って線の数を数えることでいつごろ死んだのか、つまりいつ採集《さいしゅう》されたのか調べる方法があります。およそ200層の堆積が6年で積み重なったことがわかりました。また、夏に特有の動物ではアワビ、アカニシといった貝やクロマグロ、マアジなどの魚が、冬であればガンやカモ類の鳥があるといったように、ふくまれている生物の種類で貝層が積み重なった季節を知ることができます。

ココミのような山菜《さんさい》は貝塚では残りませんが、富山《とやま》県の桜町《さくらまち》遺跡から出土《しゅつど》しているの

里浜貝塚は松島湾のなかの宮戸島にあります。

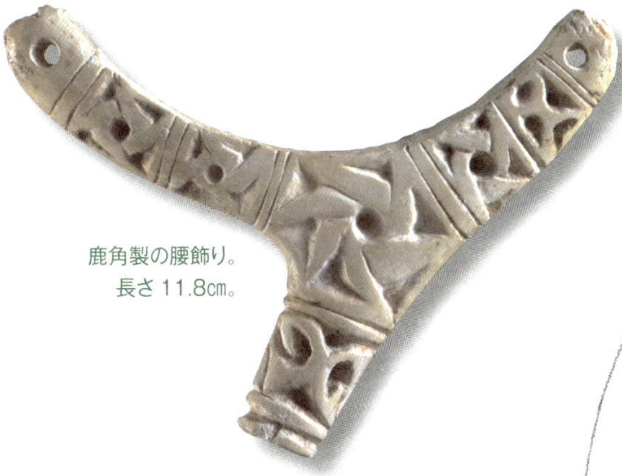

鹿角製の腰飾り。
長さ11.8㎝。

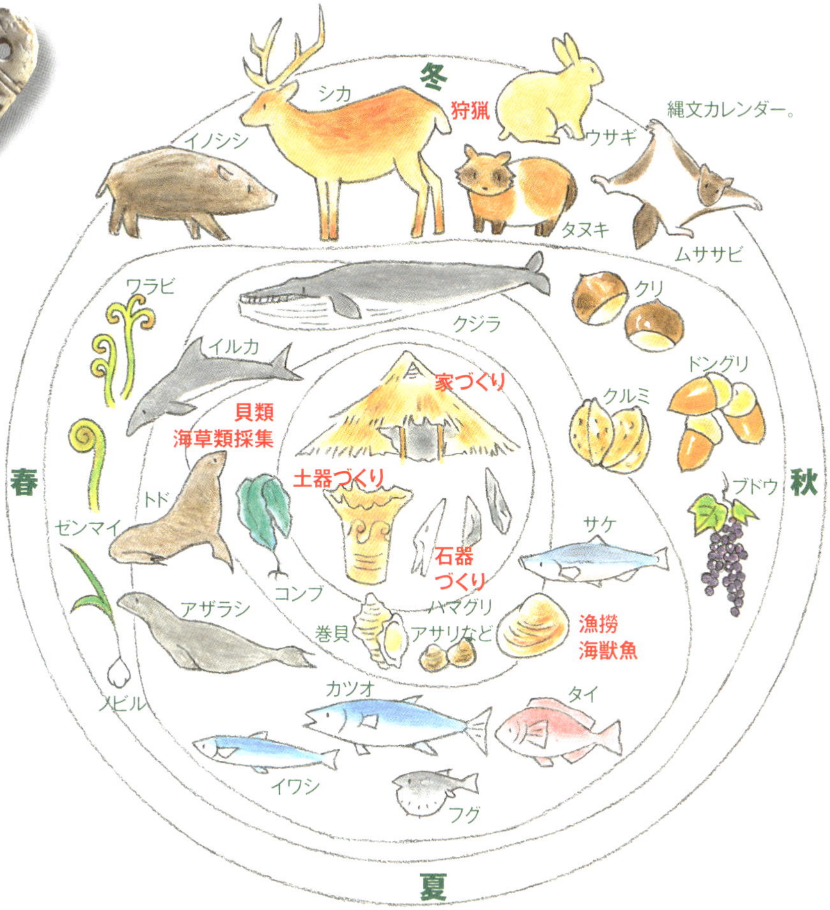

縄文カレンダー。

東北歴史資料館による調査のようす。

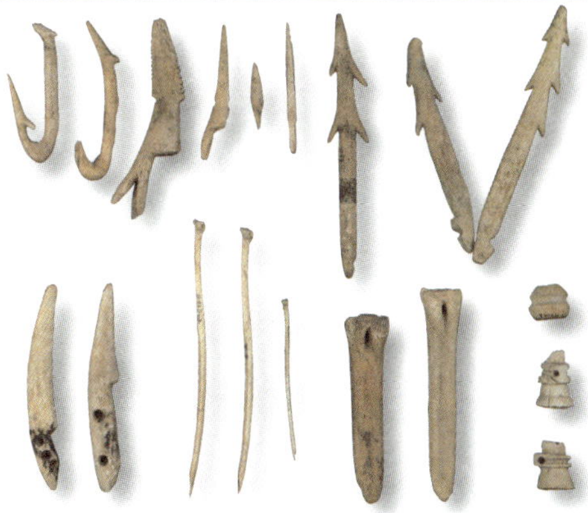

縄文時代後期の骨角器。上左端の釣り針：長さ7.6㎝。

10㎜、4㎜、2㎜の目のフルイにかけて水洗いした貝塚の土。1㎜以上の大きさの資料をすべて種類分けをして調べました。[下]マグロの骨も見つかっています。

で、ここでもきっと利用したにちがいないという食料もあります。それらをふくめて里浜貝塚の四季の生活を再現したのが図に示《しめ》した縄文カレンダーです。みなさんも教科書などで見たことがあるのではないでしょうか。四季の豊《ゆた》かな恵《めぐ》みをじょうずに利用する、アイヌ民族《みんぞく》の人びとにも似《に》た生活スタイルは、縄文人の自然を熟知《じゅくち》した英知《えいち》のほどがうかがえます。

[画像提供]
宮城県立東北歴史博物館

もっと知りたいキミへ！
里浜貝塚…宮城県東松島市宮戸里81-18　奥松島縄文村歴史資料館／
宮城県立東北歴史博物館…宮城県多賀城市高崎1-22-1

沼《ぬま》津《づ》貝《かい》塚《づか》 宮城県石巻市

縄《じょう》文《もん》時《じ》代《だい》のノーベル賞《しょう》

沼津貝塚は、仙台湾《せんだいわん》にある縄文時代後《こう》・晩期《ばんき》の貝塚です。ここからは、さまざまな骨角器《こっかくき》が出土《しゅつど》していますが、とくに目を引くのが燕形銛頭《つばめがたもりがしら》です。燕形銛頭とは、魚や海獣《かいじゅう》をしとめるための銛《もり》の先につけた飛び道具です。片側《かたがわ》に燕の尾《お》のような長い脚《あし》がのびているのがわかるでしょう。燕に似《に》た形からこの名があります。

シカの角《つの》でつくられていて、粘《ねば》り気《け》が強く加工《かこう》しやすい一方、じょうぶな素材《そざい》です。横から見たときに左右非対称《さゆうひたいしょう》な点にだいじな意味があるのですが、なぜだかわかるでしょうか。その前に、どのような使いかたをしたのか見ておきたいとおもいます。

銛頭をひっくり返すと穴《あな》がほられています。ここには柄《え》が差《さ》しこまれました。実際には長い柄の先に、さらに短い柄をつけてそこに銛頭を装着《そうちゃく》します。獲物《えもの》に突《つ》きささったときに、銛頭がショックでこわれないようにしたのでしょう。銛頭の腹《はら》の部分には穴があいています。ここに長い縄《なわ》を通し、縄の先端《せんたん》は柄をにぎる手元でキャッチされました。

銛を獲物に打ちこみます。銛頭は柄から離《はな》れます。柄は獲物から抜《ぬ》けてしまいますが、銛頭に固定《こてい》した縄によって、獲物をたぐりよせることができます。でも、銛頭も柄といっしょに抜けてしまうかもしれません。そのとき、左右非対称が大きなはたらきをするのです。縄で銛頭をひっぱると左右非対称なので一方に抵抗《ていこう》がかかり、銛頭は獲物の体内で回転を始めます。縄と90度に

沼津貝塚から見つかった台付き浅鉢。高さ10.8㎝。

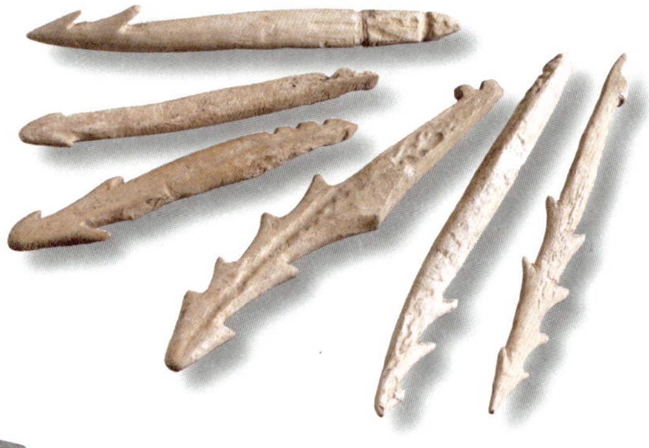

骨製の銛先。

骨製の離頭銛と刺突用の銛先。

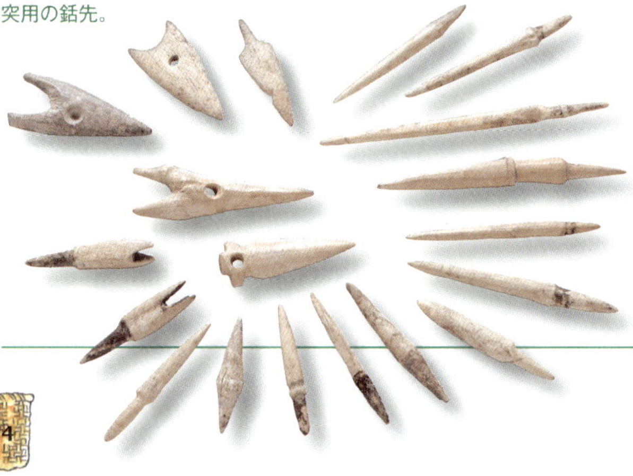

さまざまな骨角製装飾品。右：長さ5.8㎝。

さまざまな燕尾形離頭銛。
左上：長さ12.9㎝。

なると回転をやめますが、そのときに銛頭は打ちこまれた穴に対して直角《ちょっかく》、つまりT《ティー》字形《じがた》になっているので、抜けにくくなるのです。燕形とはそのための工夫《くふう》でした。

では、燕形銛頭を使ってしとめた獲物はどのようなものだったのでしょう。貝塚からこの遺物といっしょに多く出土するのは、サメなどの大形の魚やトド、アザラシなどの海獣、つまり、外洋《がいよう》の大物です。それをしとめた人は、勇壮《ゆうそう》な人物《じんぶつ》であると同時に人びとの腹《はら》を満《み》たしてくれた英雄《えいゆう》として尊敬《そんけい》されたことでしょう。

燕形銛頭は、およそ4,000年前の縄文後期に三陸沿岸《さんりくえんがん》から仙台湾付近《ふきん》で発明《はつめい》されました。その後、ベーリング海峡《かいきょう》をこえてアメリカ北西海岸《ほくせいかいがん》に伝わり、ネイティブ・アメリカンは近年までこの型式の銛を使っていました。また海のそばの釣り具屋に行くと、鉄《てつ》製《せい》の銛頭を売っていますが、そのなかに燕形のものがあります。素材《そざい》を変えながら、縄文時代の知恵《ちえ》が今日に生きているのです。世界に広がったこの技術《ぎじゅつ》。縄文時代にノーベル賞《しょう》があったら、燕形銛頭はまちがいなく候補《こうほ》になったことでしょう。

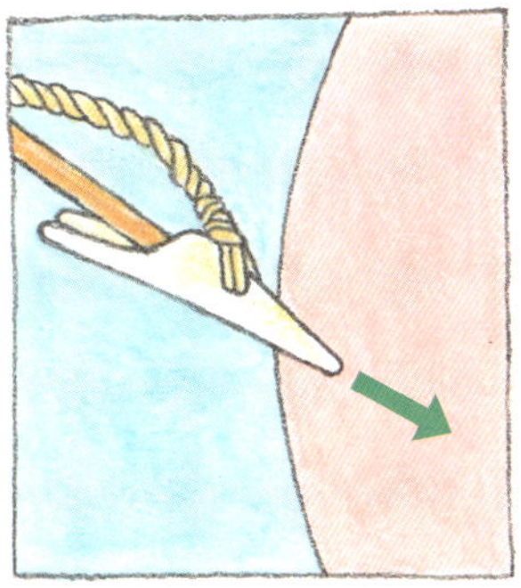

燕形離頭銛を獲物に突きさします。

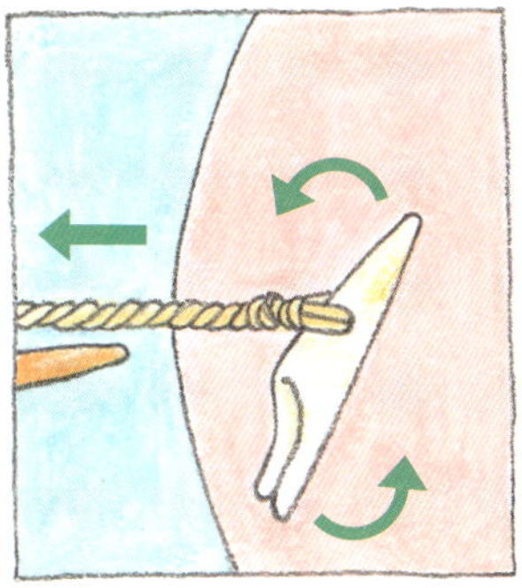

柄ははずれます。縄をひっぱると銛頭が獲物の体内で回転して停止します。

［画像提供］
東北大学考古学研究室

もっと知りたいキミへ！
沼津貝塚…宮城県石巻市沼津／東北大学総合学術博物館…宮城県仙台市青葉区荒巻字青葉6-3

東《ひがし》名《みょう》遺跡 佐賀県佐賀市

見《み》事《ごと》な技《ぎ》術《じゅつ》で編《あ》んだカゴが大《たい》量《りょう》に見《み》つかった

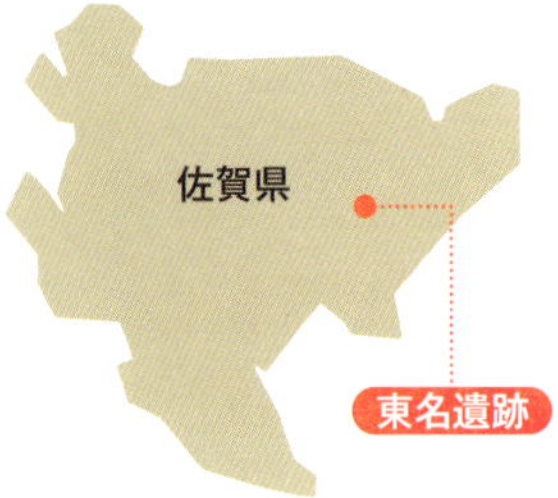

東名遺跡は、有明海《ありあけかい》の北端《ほくたん》にある佐賀《さが》空港から北へ10kmほどいったところにある微《び》高地上《こうちじょう》の遺跡です。標高《ひょうこう》は海抜《かいばつ》およそ5m。調整池《ちょうせいち》をつくるために掘《ほ》ったところ、地表から5mほどの高さの斜面《しゃめん》に貝塚が埋《う》まっているのがわかりました。貝塚は500mほどの距離《きょり》のなかに6地点あり、高さが2mほども厚《あつ》く積《つ》み重《かさ》なっていました。斜面を登ったところには、焼《や》けた礫《れき》がつまった穴《あな》がいくつもあり、近くから埋葬《まいそう》された人骨《じんこつ》が3体出土《しゅつど》しました。ここに人びとが住み、斜面に貝などを捨《す》てていたことがわかりました。

貝塚の貝は、ヤマトシジミ、ハイガイ、カキ、アゲマキの4種類《しゅるい》が主《おも》なものです。アゲマキは今でも有明海の名物《めいぶつ》です。カキには50cm程《ほど》の大きなものがあります。貝塚にはイノシシ、ニホンジカ、カモシカやカワウソ、タヌキ、イヌなどの獣骨《じゅうこつ》や、スズキ、ボラ、クロダイなどの魚骨《ぎょこつ》がまじっていました。また、シカの角《つの》をけずってつくった細《ほそ》い板《いた》には、繊細《せんさい》な文様《もんよう》が彫刻《ちょうこく》されていました。高度《こうど》な技術《ぎじゅつ》による装飾品《そうしょくひん》です。

貝塚からさらに下がった地点には、いくつもの穴が見つかり、そのなかにカゴが放置《ほうち》された状態《じょうたい》で見つかりました。カゴは、ムクロジなどの木の皮《かわ》をはいだ、幅《はば》1cm、長さ数十cmほどの細い素材《そざい》で編《あ》んでつくられていました。これらにはさまざまな編み方があり、要所《ようしょ》にはちがう色のツルが編みこまれ、現在の工芸品《こうげいひん》を見るような見事《みごと》なできばえです。カゴの入っていた穴は水が湧《わ》くような低い場所で、なかにはイチイガシなどドングリ類《るい》の実が納《おさ》められており、カゴに入れた木の実を貯蔵《ちょぞう》していた穴だということがわか

鹿の角でつくられた装飾品。左：長さ11.3cm。

石皿と磨石。

出土した土器（塞ノ神B式土器）。

ムクロジやイヌビワの樹皮をさいてテープ状にした「へぎ材」という素材を使って編んでいます。国内最古のものです。（長さ約 85㎝、最大幅約 50㎝）

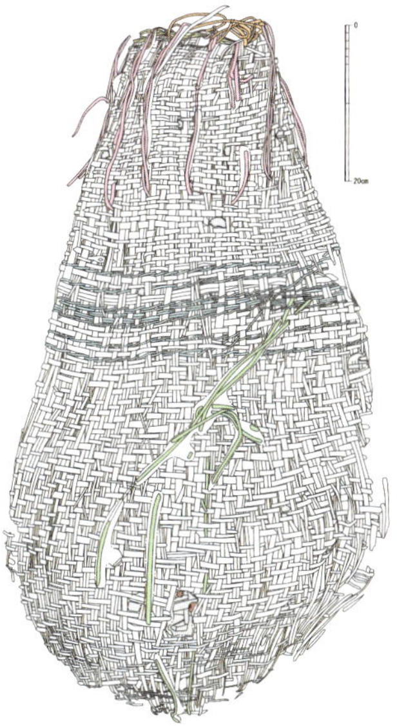

りました。水づけしてドングリ類のアクをぬいたり、虫を殺していたのかもしれません。

今でこそ海から10㎞もはなれていますが、貝塚が形成《けいせい》された当時はすぐそばにまで海岸線が迫《せま》っていました。貝塚から出土した木炭《もくたん》の年代《ねんだい》を分析《ぶんせき》したところ、今からおよそ8,000～7,500年ほど前の縄文時代早《そう》期《き》の遺跡だとわかりました。この頃《ころ》は、今よりも気温が数度ほど高く、現在よりも海面《かいめん》が高かったのです。このような高い技術をもった大規模《だいきぼ》な早期の貝塚は、関東《かんとう》地方などではまだ見つかっていません。温暖《おんだん》な気候《きこう》に支《ささ》えられて発展《はってん》した縄文時代早期の文化《ぶんか》が、九州北部《きゅうしゅうほくぶ》に存在《そんざい》していたのです。

穴のなかに編カゴが入ったままで見つかりました。

六ツ目編みで編んだ編みもの。

［画像提供］
佐賀市教育委員会

もっと知りたいキミへ！
東名遺跡…佐賀県佐賀市金立町大字千布　東名縄文館

石《いし》倉《くら》貝《かい》塚《づか》 北海道函館市

縄《じょう》文《もん》時《じ》代《だい》の衣《い》服《ふく》がわかる土《ど》偶《ぐう》

縄文人《じょうもんじん》はどのようなものを着ていたのでしょうか。縄文時代には、ヒトの姿《すがた》を粘土《ねんど》でつくり焼《や》いた土偶《どぐう》が出土《しゅつど》します。土偶の体につけられた文様《もんよう》は、当時の衣服《いふく》を表しているのではないかと考えたくなります。実際《じっさい》に、明治《めいじ》時代の考古学者《こうこがくしゃ》はそのような推測《すいそく》から、縄文人の姿を復元《ふくげん》して絵にしています。しかし、研究《けんきゅう》が進《すす》むと、土偶につけられた文様は土器《どき》の文様と同じものが多いことから、それは土器の文様をたんに写《うつ》したものにすぎないと考える人が多くなり、土偶の文様から縄文人の衣服を推測するのはひかえるようになってしまいました。ところが、なかには衣服としか思えない文様表現をもつ土偶もあるのです。

北海道《ほっかいどう》の石倉貝塚から出土した縄文時代後期の土偶は、あたかも経糸《たていと》と緯糸《よこいと》を織《お》り合わせた粗《あら》い編《あ》み物《もの》の衣服を着たような文様があります。縦横《たてよこ》の編《あ》み目状《めじょう》の部分はアンギンという編み物を表しており、それをまったく欠《か》いたコントラストのはっきりしたつるつるした部分はなめし革《がわ》を表したとみてよいでしょう。編布どうし、あるいは、なめし革《がわ》と編布とをまつり縫《ぬ》いして縫いあわせたような表現もみられます。前で合わせてボタンのようなものでとめる仕組みになっていたようです。首の部分にはアンギン製《せい》のタートルネックと、そこから後頭部に連続《れんぞく》する帽子《ぼうし》状《じょう》の表現すらみることができます。全体としては、ダッフルコートを思いうかべるとよいでしょう。

縄文時代の遺跡からは、実際《じっさい》に編布が出土

続縄文時代の北海道で暮らす人びとの服装を再現した模型。［右］壺の形をした土器。高さ48.6㎝。

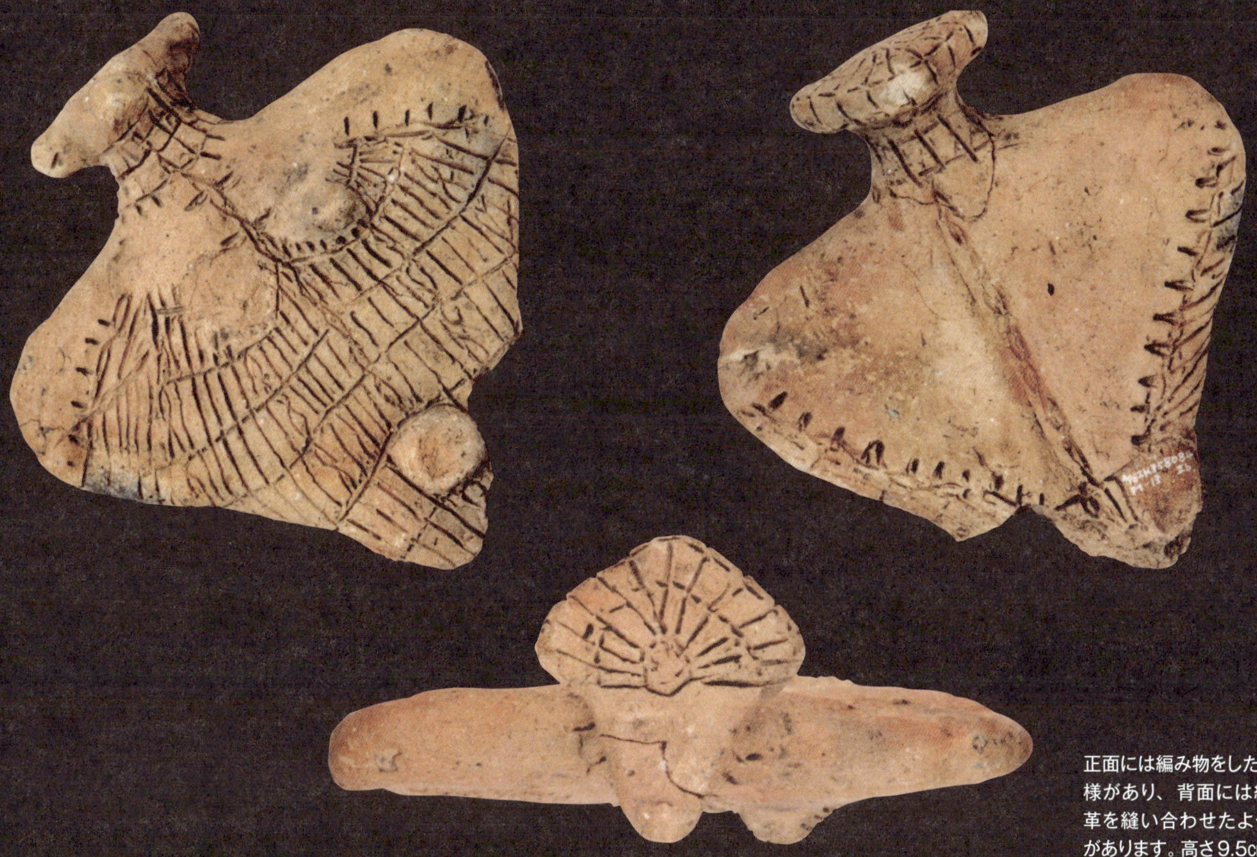

正面には編み物をしたような文様があり、背面には編み物と革を縫い合わせたような文様があります。高さ9.5㎝、幅9.2㎝、厚さ2.3㎝。

します。編布に使った糸は、カラムシという植物などを刈《か》りとって皮《かわ》をはがし、水で処理《しょり》をして細く裂《さ》きやすくし、つないで長くして撚《よ》りをかけてつくりました。関東《かんとう》地方の縄文後《こう》・晩期《ばんき》の遺跡からは、まんなかに孔《あな》のあいた土製《どせい》の円盤《えんばん》がしばしばみつかります。これなどは、繊維《せんい》に撚りをかけるための紡錘《ほうすい》車《しゃ》（はずみ車《ぐるま》）としてもちいたものかもしれません。縄文時代の編布は目の粗いものが多いのですが、秋田《あきた》県の中山《なかやま》遺跡で出土した縄文時代晩期の苧麻製《ちょませい》の布は、1㎝の間が 10 本の経緯《たてよこ》糸からなるたいへん目の細かいものでした。

　縄文時代の遺跡からは、末端《まったん》に孔があいた骨製《ほねせい》の針《はり》も出土していますから、これら編布を縫い合わせて、衣服がつくられていたと考えてよいでしょう。縄文時代の衣服は、相《そう》当《とう》な縫製技術《ほうせいぎじゅつ》をもちいて、複雑《ふくざつ》で高度《こうど》なレベルに達《たつ》していたと考えてよいと思います。

秋田県の麻生遺跡から出土した土偶にも、布を編んだような文様がありました。高さ 8.1㎝。

（後）

（前）

［画像提供］
国立歴史民俗博物館／函館市教育委員会／東京大学総合研究博物館

是《これ》川《かわ》中《なか》居《い》遺跡 青森県八戸市

漆《うるし》塗《ぬ》りの高《たか》い技《ぎ》術《じゅつ》をもっていたムラ

輪島塗《わじまぬり》など、日本の漆塗《うるしぬ》りの技術《ぎじゅつ》レベルはたいへん高く、江戸《えど》時代にJAPANという言葉は漆《うるし》をあらわしたほど、古くから海外にも知れわたっていました。その起源《きげん》は縄文時代早期《そうき》にさかのぼり、およそ9,000年前の北海道《ほっかいどう》・垣ノ島B《かきのしまびー》遺跡から出土した漆《うるし》製品《せいひん》がもっとも古いとされています。ウルシノキは日本列島には自生《じせい》しないとされてきましたので、縄文時代の漆は中国《ちゅうごく》から伝わったものという説《せつ》もありますが、今のところ中国よりも古い年代《ねんだい》です。

縄文時代を通《つう》じて漆製品はつくり続けられ、その技術にはさらに磨《みが》きがかかりました。青森《あおもり》県の是川中居《これかわなかい》遺跡は、古くから遺物《いぶつ》が採集《さいしゅう》されていた縄文時代晩期《ばんき》の遺跡です。ふつうは残りにくい、木でできた遺物や繊《せん》維製品《いせいひん》が残っていました。その理由は、泥《でい》炭層《たんそう》という泥《どろ》の積《つ》み重《かさ》なりに埋《う》もれていたために酸素《さんそ》がシャットアウトされて、木を腐《くさ》らせる原因となるバクテリアの増殖《ぞうしょく》が防《ふせ》げたからなのです。出土《しゅつど》した遺物と、漆塗りの技術を見ていきましょう。

木を薄《うす》くけずって細い溝《みぞ》をつけ、割《わ》れないように折《お》り曲《ま》げてつくった容器《ようき》のことを曲《ま》げ物《もの》といいます。この技術を使い、ケヤキをもちいてつくった大きな容器が出土しました。幅《はば》30㎝ほどの樹皮《じゅひ》を曲げてつくった大きな丸《まる》い筒状《つつじょう》の器《うつわ》の断片《だんぺん》ですが、側面《そくめん》と底《てい》面《めん》に穴をあけて糸でていねいに三角形にぬい、がんじょうにとじた跡《あと》があります。ベンガラ漆が塗られ赤く染《そ》まっていました。

木でできた容器を漆でかためた木胎漆器《もくたいしっき》には、土器と同じ文様《もんよう》が彫《ほ》られていました。ベンガラ漆を塗られた飾《かざ》り弓《ゆみ》も、木胎漆器

[上] 漆塗りの弓。（長さ約130㎝）[下] 魚を突きさす道具と弓が束になって見つかったようす。

樹皮を曲げてつくった容器に漆で文様が描かれていました。下は復元図。高さ40cm、直径68cm。

漆塗りの木製容器が出土したときのようす。鮮やかな赤い色が残っていました。土器と同じ文様が彫刻されています。

の一種です。籠《かご》を漆で塗りかためた藍胎漆《らんたいしっ》器《き》も出土しています。ベンガラ漆を塗った上に黒い漆できれいな文様が描かれていました。漆を漉《こ》すための布や、漆が入ったままの土器も出土しています。

出土した漆製品の観察《かんさつ》にもとづいて、それが仕上がるまでを復元《ふくげん》してみましょう。漆はまずウルシノキの樹皮に溝《みぞ》を切り、そこからたれる漆を容器にうけます。漆は空気にふれるとすぐにかたまってしまいますから、漆の入った容器を火で暖めながら（クロメ）じょうずにまぜ（ナヤシ）、漆の質《しつ》を良くしてすばやく塗る準備《じゅんび》をしました。天然《てんねん》の鉱《こう》物《ぶつ》、酸化第二鉄《さんかだいにてつ》であるベンガラを漆にまぜて、赤く発色させました。ゴミが入ってはいけないので、布を使って漆を漉して、おそらくハケのようなもので塗り、筆のようなもので文様を描いたのでしょう。塗りは何層《なんそう》にもわたり、乾《かわ》いては塗る作業をくり返したことが、製品をカットした断面《だんめん》を顕《けん》微鏡《びきょう》で観察してわかりました。

藍胎漆器（らんたいしっき）といい、樹皮で編んだ容器に漆を塗ったものです。高さ9cm。

縄文時代の漆塗りの技術は、このように複雑《ふくざつ》な工程をたどるもので、仕上がりの技術の高さは、現代の輪島塗にも負けないほどだそうです。また、漆は純粋《じゅんすい》な植物で不《ふ》純《じゅん》物《ぶつ》がないために、炭素《たんそ》14年代測定《ねんだいそくてい》の格《かっ》好《こう》の試料《しりょう》になっています。

へら状木製品。（左・長さ約55cm、幅約5cm、厚さ約1cm）［下］ゴミをとりのぞくために漆をこしたアンギンという布。

［画像提供］
八戸市縄文学習館

もっと知りたいキミへ！
是川中居遺跡…青森県八戸市大字県川字横山1　八戸市埋蔵文化財センター是川縄文館・八戸市縄文学習館

千《ち》網《あみ》谷《がい》戸《と》遺跡 群馬県桐生市

芸《げい》術《じゅつ》家《か》のムラ

縄文時代には、耳たぶに穴《あな》をあけて耳飾《みみかざ》りをつける風習《ふうしゅう》がありました。鹿児島《かごしま》県の上野原《うえのはら》遺跡のところで紹介《しょうかい》したのは縄文時代早期《そうき》のリング状《じょう》の土製《どせい》耳飾りでしたが、それはすぐに消えてしまい、前期《ぜんき》には玦状《けつじょう》耳飾りという、石でつくった耳飾りがさかんになりました。中期《ちゅうき》になるとふたたびリング状の土製耳飾りが現れ、後期《こうき》、晩期《ばんき》にさかんになります。土製耳飾りの風習はとくに関東《かんとう》地方～中部高地《ちゅうぶこうち》地方で発達《はったつ》しました。

群馬《ぐんま》県の千網谷戸遺跡は、縄文時代晩期の土製耳飾りがたくさん出土《しゅつど》した遺跡です。たくさん出たばかりではなく、とても美しい透《す》かし彫《ぼ》りの耳飾りがつくられました。たぶん、粘土《ねんど》が生乾《なまがわ》きのときにけずっていって、透かしをたんねんに彫刻《ちょうこく》したのでしょう。これと同じ装飾《そうしょく》の耳飾りは、利根川《とねがわ》にそって点々と出土していますが、千網谷戸遺跡のようなすぐれた耳飾りはそうそう見ることはできません。千網谷戸には、耳飾りづくりのスペシャリストが暮《く》らしていたのです。

縄文後期、晩期の耳飾りには、このようにとても美しいものもあれば、なにも文様《もんよう》のないそっけないものもたくさんあります。縄文時代は平等《びょうどう》な社会と考えられていましたが、数少ない特別《とくべつ》に美しいものを身につけることができた人と、文様のないものでがまんするしかなかった人という、差別《さべつ》が生まれていたのではないかと考える人もいます。

耳飾りには、直径《ちょっけい》が1㎝ほどのものから10㎝をこえる大きなものまであります。たぶん骨でつくった針《はり》で耳たぶに穴をあけ、木の枝をさしこんで穴を少しずつ大きくし、やがて土製耳飾りをはめて，それを大きくしていったのでしょう。

縄文時代には抜歯《ばっし》という、健康な歯を抜《ぬ》

千網谷戸遺跡は、渡良瀬川の川岸の丘の上にあります。

縄文晩期の土器。
左端・高さ29.6㎝。

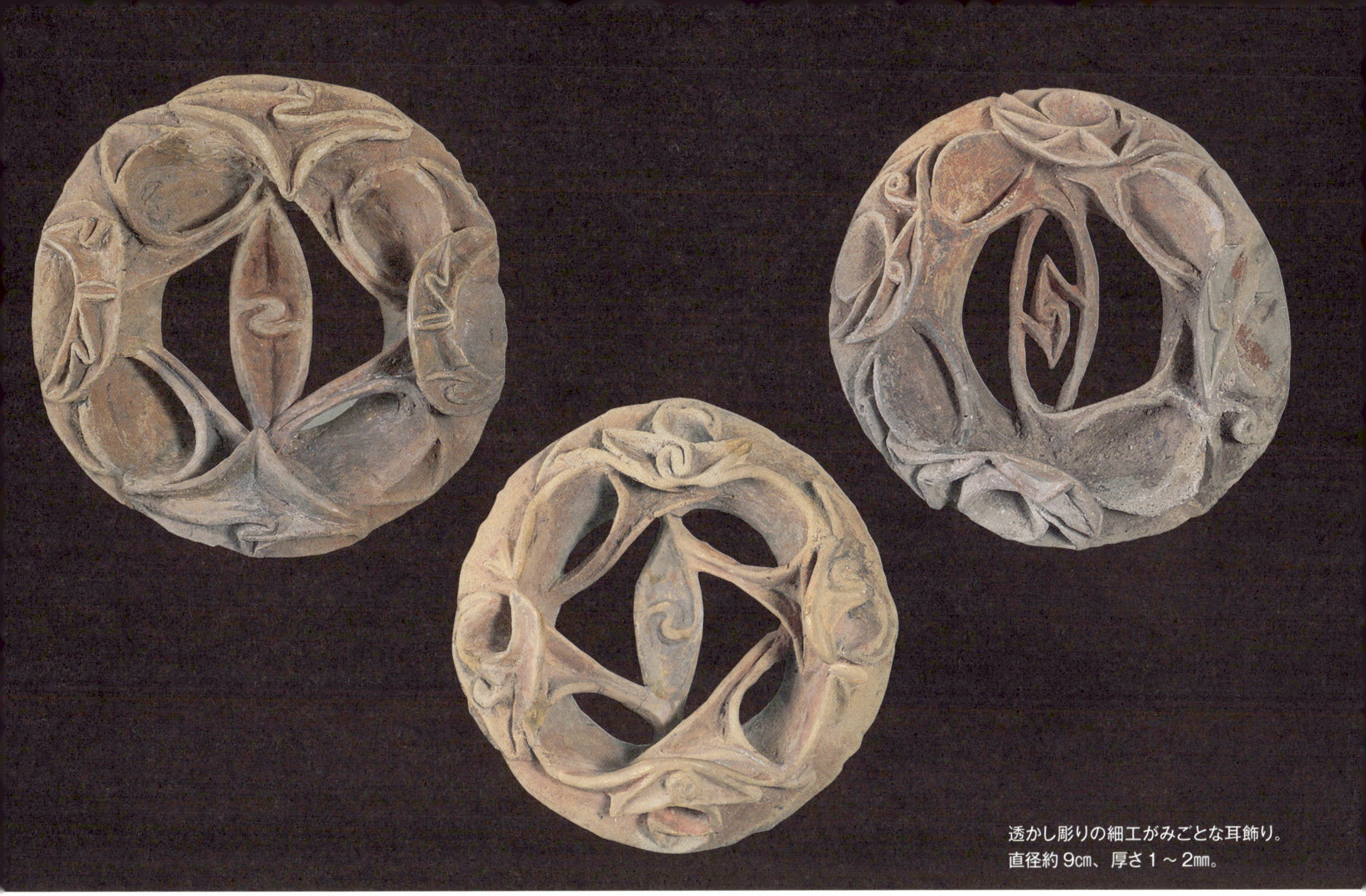

透かし彫りの細工がみごとな耳飾り。
直径約9㎝、厚さ1～2㎜。

く儀式《ぎしき》がありました。14歳から15歳くらいに抜きはじめるので、最初は成人式《せいじんしき》の意味があったとされています。耳飾りにも、ある年齢になってはじめてつけるという同じく儀式的な意味があったのでしょう。そして、結婚や子どもが生まれるなど人生《じんせい》の節目《ふしめ》ごとに、耳飾りを大きなものに、交換《こうかん》していったのではないでしょうか。大きな耳飾りをしている人は、人生の経験豊《けいけんゆた》かな人として尊敬《そんけい》されていたのかもしれませんね。

群馬県榛東村の茅野遺跡からも耳飾りがたくさん見つかっています。大きいものは直径約10㎝、小さいものは直径約1㎝です。

ミミズク形土偶。高さ17.3㎝。髪型が立体的に表現され、耳には耳飾りをつけています。

［画像提供］
桐生市教育委員会／榛東村教育委員会

もっと知りたいキミへ!
千網谷戸遺跡…群馬県桐生市川内町／群馬県立歴史博物館…群馬県高崎市綿貫町992-1

鷹《たか》山《やま》遺《い》跡《せき》群《ぐん》 長野県小県郡

黒《こく》曜《よう》石《せき》の採《さい》掘《くつ》跡《あと》が見《み》つかった

自然に露出している黒曜石。

黒曜石《こくようせき》は、旧石器《きゅうせっき》時代以来、打製石器《だせいせっき》の原料としてたいへん重宝《ちょうほう》されてきました。ガラス質《しつ》の石材《せきざい》で、打《う》ち欠《か》いただけでするどい刃《は》ができるからです。黒曜石は、火山《かざん》から噴出《ふんしゅつ》した溶岩《ようがん》がかたまってできる真っ黒な石です。日本は火山国なので全国各地に黒曜石の産地《さんち》はあるのですが、黒曜石のできた火山は限られており、さらに火山のない地域《ちいき》ではこれを手に入れるために遠くまで出かけていくか、産地との間で何かと交換《こうかん》をして手に入れなくてはなりませんでした。

全国の有名な黒曜石の産地としては、北海道白滝《ほっかいどうしらたき》、東京《とうきょう》都神津島《こうづしま》、佐賀《さが》県腰岳《こしだけ》などがありますが、長野《ながの》県霧ヶ峰《きりがみね》から八ヶ岳《やつがたけ》にかけてはとても良質《りょうしつ》な黒曜石が産出《さんしゅつ》することで有名です。和田峠《わだとうげ》、星ヶ塔《ほしがとう》、麦草峠《むぎくさとうげ》など数々の産地が知られていますが、そのなかに星糞峠《ほしくそとうげ》という産地があります。星のようにキラキラした石くずが散乱《さんらん》していたことからついた名前でしょう。1980年代に山間《やまあい》の長門町（現長和町）にも観光地開発《かんこうちかいはつ》の波が押《お》しよせ、星糞峠がある鷹山遺跡も発掘《はっくつ》調査《ちょうさ》することになりました。

発掘調査によって、星糞峠の山の斜面《しゃめん》から縄文時代の人びとが黒曜石を採掘《さいくつ》していた跡《あと》がたくさん見つかりました。採掘坑《さいくつこう》は掘《は》り出された土が穴《あな》のまわりに積《つ》み上がり、まるでクレーターのようです。全部で 200 か所近くも見つかり、鉱山《こうざん》といってもよいほどでした。

どのようにして採掘をおこなったのか、発掘調査の結果にもとづいて再現《さいげん》してみましょう。まず、足場《あしば》を残しながら縦坑《たてこう》を掘りますが、黒曜石がふくまれる白い粘土層《ねんどそう》を目指して掘っていったようです。身長よりも深《ふか》い穴を掘り、大きな石につきあたると横に掘り

黒耀石体験ミュージアムの館内展示のようす。

［左］蓼科山頂から見た霧ヶ峰の黒曜石原産地帯。
［右］発掘時のようす。

広げて採掘しました。一つの穴を何度も何度も掘った形跡《けいせき》があり、やってきた人が昔の穴のまわりをさらに掘ったものと思われます。打《だ》製石《せいせき》斧《ふ》が発見されているので、こうした道具を使って掘ったのでしょう。黒曜石をその場で割《わ》るのに使った台石《だいいし》やたたき石も出土しました。完成品は少ないので、手ごろな大きさに打ち割って、袋《ふくろ》にでもつめて運び、ムラにもどってから石器をつくったのでしょう。

ムラは星糞峠から10㎞以上はなれた川の下流にあります。そこで原石《げんせき》を打ち欠いて矢じりなどをつくりました。大きなムラには遠くから人がやってきて、持ってきたものと矢じりなどを交換して帰っていったことと思われます。

縄文時代の黒曜石採掘のようすを再現したジオラマ。

黒曜石の原石とたたき石。[右下]旧石器、縄文時代のおもな石器です。

[画像提供] 黒耀石体験ミュージアム

もっと知りたいキミへ!
鷹山遺跡群…長野県小県郡長和町大門 3670-3　黒耀石体験ミュージアム

見《み》高《たか》段《だん》間《ま》遺跡 静岡県賀茂郡

黒《こく》曜《よう》石《せき》の荷《に》揚《あ》げ港《こう》

火山国《かざんこく》の日本列島では、およそ40ヶ所の黒曜石《こくようせき》の産地《さんち》が知られています。伊豆半《いずはん》島《とう》の南に連《つら》なる伊豆諸島《いずしょとう》に神津島《こうづしま》という島がありますが、ここも黒曜石の産地の一つで、砂糠崎《さぬかざき》など3か所と神津島の西にある小島の恩馳島《おんばせじま》に1か所の産地があります。

神津島から黒曜石が出ることは、およそ3万年前の旧石器《きゅうせっき》時代にすでに人びとの知るところとなり、静岡県域《しずおかけんいき》の遺跡をはじめとして遠いところでは山梨《やまなし》県域や長野《ながの》県域にまで運ばれました。旧石器時代にも伊豆半島と神津島の間には、数十kmの海がありましたから、当時すでに舟があったのですね。

ではなぜ、いくつも産地があるのに、神津島産の黒曜石だということがわかるのでしょう。黒曜石には真っ黒なものや透明《とうめい》なもの、赤い縞《しま》の入った美しいものや、ゴマのような白い斑点《はんてん》のある質《しつ》のあまり良くないものなど、産地によって状態《じょうたい》がちがうのは見た目でもわかります。でも、そのような勘《かん》にたよらずにきちんと見分ける方法があります。蛍光《けいこう》X線《えっくすせん》分析装置《ぶんせきそうち》を使うのです。これは黒曜石の石器が発する蛍光X線の波《は》長《ちょう》などをはかって、原産地《げんさんち》の黒曜石のデータと比較《ひかく》して産地を推定《すいてい》する方法です。

神津島産の黒曜石を運び、伊豆半島に荷揚《にあ》げされた縄文《じょうもん》時代中期《ちゅうき》の遺跡が発見されました。伊豆半島の東岸にある見高段間遺跡がそれです。この遺跡は1926年(大正《たいしょう》15)に発見されて発掘調査《はっくつちょうさ》されました。石を敷《し》きつめた竪穴住居跡《たてあなじゅうきょあと》などが発掘され、600点におよぶほど多量の黒曜石でつくった石鏃《せきぞく》や20kgに達《たっ》するほどの黒曜石のかたまりが見つかりました。それらは伊豆の天城《あまぎ》産だとされていましたが、神津島

縄文時代中期後半の黒曜石原産地。

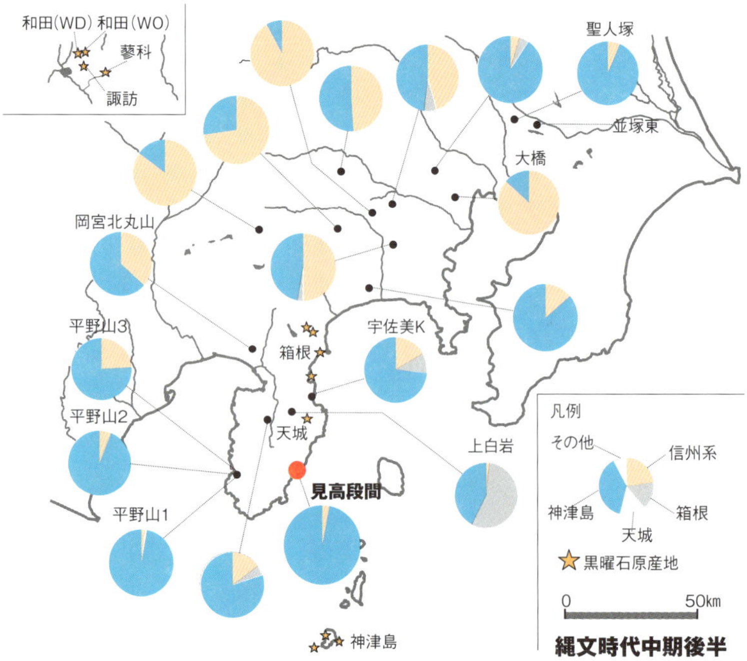

発掘時のようす。

［上］出土した土器片、炭化した種子、石器、黒曜石。
［下］見つかった住居跡には石が敷かれていました。

重さ 19.5kg もある見高段間遺跡最大の黒曜石の原石。

産だとわかったのは 1986 年（昭和 61）のことでした。

見高段間遺跡は神津島から舟で運んできた黒曜石を陸揚《りくあ》げした場所であり、遺跡からは石器の製作場所も見つかりました。見高段間遺跡から出土した土器にふくまれる鉱物《こうぶつ》を分析《ぶんせき》したところ、神奈川《かながわ》県方面でつくられた土器であるという結果も出されています。蛍光X線分析によって、関東《かんとう》地方の遺跡の石器にも神津島産の黒曜石がかなり使われていることもわかっていますので、神奈川県方面からやってきた人びとが、黒曜石の採掘《さいくつ》と製作と出身地への持ちかえりのために残した遺跡が見高段間遺跡だったのかもしれません。

黒曜石の産出地、神津島・砂糠崎。船の上方に見える崖面に黒く帯のようになっているのが黒曜石です。

［参考］
『黒潮を渡った黒曜石　見高段間遺跡』池谷信之　シリーズ遺跡を学ぶ 014、新泉社 2005
［画像提供］
池谷信之
（沼津市文化財センター）

もっと知りたいキミへ!
見高段間遺跡…静岡県賀茂郡河津町／沼津市文化財センター…静岡県沼津市大諏訪 46-1

研究者インタビュー……2

小さな石器の一つひとつが、生きるための道具として、なによりも大事だったのです

池谷 信之 いけや のぶゆき

考古学に興味を持ったきっかけは?

子どもの頃《ころ》、近くに山木《やまき》遺跡といって登呂《とろ》遺跡の次ぐらいに有名な遺跡がありました。発掘調査《はっくつちょうさ》がきっかけで郷土資料館《きょうどしりょうかん》もできて、オープンのときに私も見にいった記憶があるんです。町民の熱気《ねっき》もすごかったですよ、郷土意識《きょうどいしき》というか、自分の住んでいるところにはすごいものが埋《う》もれているんだと思いました。田んぼの跡《あと》とか大量の土器《どき》とか弥生時代の舟とか、そういうものの迫力《はくりょく》に圧倒《あっとう》されました。

高校時代に進路《しんろ》を決めるとき、好きなジャンルで勝負をしたほうが後悔《こうかい》しないだろうなと考えました。それで考古学科《こうこがくか》のある明治《めいじ》大学に進学《しんがく》しました。学生のころは1年のうち260日くらいは地方の発掘現場《はっくつげんば》に行き、残り100日くらいしか大学に行かないという日々を送ってました。夜行で大学と地方の発掘現場を行き来したこともあります。卒業してから30歳ぐらいまでは縄文土器《じょうもんどき》の研究《けんきゅう》を続けていました。

いけや　のぶゆき……
[黒曜石研究]
沼津市文化財センター主幹（学芸員）。明治大学黒曜石研究センター員。博士（史学）。『黒曜石考古学　原産地推定が明らかにする社会構造とその変化』（新泉社）で第1回日本考古学協会賞大賞を受賞。主な著書に『黒潮を渡った黒曜石 見高段間遺跡』（新泉社）がある。

黒曜石を研究するとなにがわかるのですか?

黒曜石《こくようせき》の研究に取り組んだのは、沼津高専《ぬまづこうせん》の望月明彦《もちづきあきひこ》先生との出会いがきっかけです。もともと黒曜石にも興味《きょうみ》はありましたが、2,000点、3,000点ある黒曜石のうちの数点分析《ぶんせき》しただけで報告書《ほうこくしょ》に載《の》せているような研究にはじれったい思いがありました。望月先生は海外の黒曜石の分析をやっていらしたのですが、日本の黒曜石の分析をやってみたいと思っていたところだったので、じゃあ一緒《いっしょ》にやりましょうって、夢中《むちゅう》になって関東《かんとう》近辺《きんぺん》の黒曜石を集めはじめました。蛍光《けいこう》X線《せん》分析装置《ぶんせきそうち》をつかって黒曜石を分析している研究者《けんきゅうしゃ》は、私たちが初めてではありません。判別図《はんべつず》を作成《さくせい》して産地《さんち》の推定《すいてい》を一目《ひとめ》でわかりやすく提示《ていじ》したことと、遺跡から出土した黒曜石を全点分析《ぜんてんぶんせき》したことが、画期的《かっきてき》だったのです。

全点を分析することでなにがわかってくるかというと、例《たと》えば、その遺跡から出た黒曜石には原石《げんせき》もあれば、細かい欠片《かけら》もある、出来上がった石器《せっき》もある、というふうに石器づくりの工程《こうてい》の流れがぜんぶ揃《そろ》っているとする

と、まちがいなくそこはその産地の黒曜石を材料《ざいりょう》とした石器の加工場《かこうば》であり、製作現場《せいさくげんば》であることがわかります。

また、例えばある地方の遺跡から信州産《しんしゅうさん》の黒曜石の製品《せいひん》が1点だけ見つかったとすると、それは自前《じまえ》でつくったものではなく、交易《こうえき》で手に入れたのかもしれないと、推測《すいそく》できます。あと、黒曜石の原産地の近くを、当時の人びとが集団《しゅうだん》で動いていく経路《けいろ》も予測《よそく》できたりします。

旧石器《きゅうせっき》時代の人びとは移動生活《いどうせいかつ》のルートに黒曜石の産地の近くを入れて周回《しゅうかい》しながら手に入れることを考えました。縄文時代になって生活も安定してきて大きな集落《しゅうらく》を構《かま》えて定住《ていじゅう》するようになると、こんどは百何十キロはなれた原産地にだれをとりにいかせるのか、それとも途中《とちゅう》にある集落が持っている黒曜石と何かを交換《こうかん》して手に入れるか、ということを考えます。黒曜石は非常《ひじょう》に貴重《きちょう》ですから、それに見合うだけのものを持っていかなければなりません。たとえばきれいな貝輪《かいわ》、耳飾《みみかざ》りなどの装飾品《そうしょくひん》。あるいは大量の干《ほ》し貝《がい》をつくるとか。こうして縄文社会のシステムができあがっていったと考えられます。

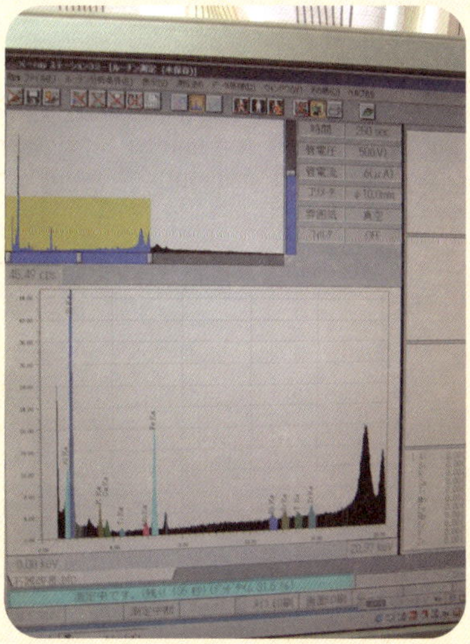

蛍光Ｘ線分析装置で測定をしているようす。

黒曜石ってどんな道具だったのですか？

黒曜石は、国内にある石器のなかではもっとも切れ味のよい道具の原材料《げんざいりょう》です。特に「切る」「刺《さ》す」については優《すぐ》れています。当時の人びとにとって、どうやって黒曜石を手に入れるかは非常に大きな問題だったはずです。彼らの主食《しゅしょく》となっていた野生《やせい》の生きている動物を穫れるかどうかは、生きるか死ぬかの問題なのです。そのための道具として黒曜石の切れ味を求める当時の人びとの気持ちは、なんでも欲《ほ》しいものが手に入る現代社会に暮《く》らす私たちには想像《そうぞう》もつきません。博物館《はくぶつかん》などで展示《てんじ》されている小さな石器を見たら、その一つひとつが当時の人びとにとって、生きるための道具としていかに必要不可欠《ひつようふかけつ》だったかということに、思いをはせてほしいです。

大湯環状列石《おおゆかんじょうれっせき》 秋田県鹿角市

ストーンサークルの遺跡《いせき》

　ストーンサークルという名前を聞いたことがあるでしょうか。ストーンは石、サークルは円という意味で、石をまるくならべた施設《しせつ》を指《さ》します。ストーンサークルは、日本語では環状列石《かんじょうれっせき》とよんでいます。環状列石は世界中にあります。日本列島では、縄文時代にたくさんつくられました。そのなかでもっとも有名なのが、秋田《あきた》県の大湯環状列石です。万座《まんざ》環状列石と野中堂《のなかどう》環状列石という二つの環状列石からなっていますから、大湯環状列石群《ぐん》といったほうが正確です。

　この遺跡は1931年（昭和6）に、耕地整《こうちせい》理《り》中《ちゅう》に発見されました。戦後《せんご》まもない1951、52年（昭和26、27）に発掘調査《はっくつちょうさ》がおこなわれました。国がおこなった調査で、当時としてはめずらしく環状列石の全体がわかるほど広い面積が発掘されました。その結果、いろいろなことがわかったのです。

　時期《じき》は縄文時代後期前半《こうきぜんはん》でした。両方とも、列石は内帯《ないたい》と外帯《がいたい》の二重になっています。列石といってもやみくもに石をならべたのではなく、いくつかの河原石を集めてならべた配石《はいせき》が連続していました。配石には規《き》則《そく》正しく石を組んだものがあります。なかには日時計《ひどけい》とよばれる、ひときわ目立つ配石もありました。これは真ん中に大きな石を立ててまわりに放射状《ほうしゃじょう》に石を配したものです。

　では、この施設は日時計で太陽の運行を観測《かんそく》していたのでしょうか。そうではありません。一つ一つの配石は墓であり、環状列石全体が墓地《ぼち》だったのです。万座環状列石がやや大きく直径《ちょっけい》が52mほどで、野中堂のほうが42mほどです。万座環状列石には配石が全部で150以上もありました。それだけたくさんの人びとがここに葬《ほうむ》られたのです。石は5～6kmもはなれた安久谷川《あくやがわ》から運びこんでいます。たいていの石が一人二人で持ち運ぶことができる大きさですが、

供物をそなえるための台がついた土器。高さ18.7cm。

野中堂環状列石は直径約42mあります。

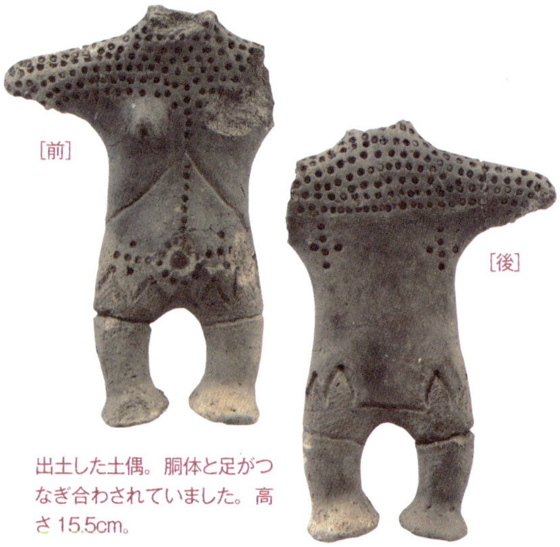

出土した土偶。胴体と足がつなぎ合わされていました。高さ15.5cm。

野中堂環状列石の発掘時のようす。（昭和26年8月撮影）

なかには重さ100kgをこすものもあります。7,200個以上の石が運びこまれたのですから、何世代にもわたって築《きず》かれたとはいえ、相当《そうとう》な共同《きょうどう》作業《さぎょう》が必要でした。

環状列石のそばからは、竪穴住居跡《たてあなじゅうきょあと》はほとんど見つかりません。これは、墓地からはなれた周辺《しゅうへん》に住《す》んでいた人びとが寄《よ》り集まって、墓をつくっていたことを物語っています。縄文中期《ちゅうき》から後期にかけて、寒《かん》冷《れい》な気候《きこう》になり、人びとは小さな集団にわかれて住むようになりました。しかし、血縁《けつえん》によってつながれた人びとの結束《けっそく》はなんとかして保《たも》たないとなりません。そこで、共同の墓を築き、ことあるごとに集まって祖先《そせん》のまつりをおこなったのではないでしょうか。内帯と外帯からなっているのは、内帯に祖先が眠《ねむ》っていたのでしょう。日時計とされる配石は、とくに有力《ゆうりょく》な祖先、あるいは集落を築いた始祖《しそ》の墓かもしれませんね。

［上］野中堂環状列石の日時計状の配石。中央に立つ石は高さ約1m。
［下］万座環状列石。

赤い顔料が塗られていた壺形土器。高さ16.1cm。

［画像提供］
鹿角市教育委員会／埋蔵文化財発掘調査報告第二『大湯町環状列石』文化財保護委員会 1953

もっと知りたいキミへ！
大湯環状列石…秋田県鹿角市十和田大湯字万座45　大湯ストーンサークル館

釈迦堂遺跡《しゃかどう》 山梨県笛吹市・甲州市

土偶《どぐう》が1,000個以上出土《こいじょうしゅつど》した

縄文時代には土偶《どぐう》がさかんにつくられました。草創期《そうそうき》に出現《しゅつげん》して、晩期《ばんき》の終わりまでつくられますから、縄文時代を代表する遺物《いぶつ》といってよいでしょう。では、土偶はなんの目的でつくられたのでしょうか? 明治時代から、さまざまな説《せつ》が出されましたが、代表的なものが土偶=身代《みが》わり説です。これは、土偶にはこわれている部分が多いので、けがや病気になったとき、わが身と引きかえに土偶の同じ部分を打《う》ちこわして治《なお》るのを祈願《きがん》したという説です。

土偶は全国で1万個以上見つかっていますが、女の人を表現したものはたくさんあるのに対して、男の人はまったくといってよいほどありません。土偶が出現した草創期から、顔の表現はないのに、大きな乳房《ちぶさ》や大きなおなかは豊《ゆた》かに表現しています。土偶であらわす一番重要なことが乳房や妊娠《にんしん》した状態《じょうたい》であり、女性だけがもつ子どもを生むという役割《やくわり》をとても神秘的《しんぴてき》で大事な事柄《ことがら》と気づいていた証拠《しょうこ》です。

中期《ちゅうき》になると顔が表現されるようになります。どれもみな目がつりあがった表情《ひょうじょう》です。出産《しゅっさん》の際《さい》の苦《くる》しみを表現したものかもしれません。同じような顔の表情の女性像が土器の口のところにつけられ、土器全体が子どもを産《う》む母体《ぼたい》をあらわしたものがあることからも、そのことはいえるでしょう。釈迦堂遺跡は1,116個もの土偶が出土《しゅつど》した、日本でもっとも土偶の出土数の多い遺跡ですが、やはり同じような顔の土偶がたくさんありました。

釈迦堂遺跡をはじめとする縄文中期の中《ちゅう》部高地《ぶこうち》地方の土器は、どれも豪快《ごうかい》な文様《もんよう》で飾《かざ》られていますが、そのなかにヘビ、カエル、イノシシの装飾《そうしょく》をもつ土器があります。イノシシは一度に10頭もの子を産むこともある、

デザインが特徴的な水煙文土器。高さ約70㎝。

人の形の文様がある人体文土器。高さ54㎝。

その文様の展開写真。

［上］発掘時のようす。［右］出土した土偶は1,116 体ありました。

多産《たさん》で生命力《せいめいりょく》が非常《ひじょう》に強い動物です。ヘビやカエルは脱皮《だっぴ》したりオタマジャクシから変《へん》態《たい》するなど、再生《さいせい》のシンボルと考えられていたようです。それらが土器という、女性がつくった器《うつわ》に表現されていることと、土偶もやはり土をこねて焼いて女性がつくったものであることとあわせると、これらはみな関連性《かんれんせい》をもった思想《しそう》のなかから生み出されたものだ、と考えてよいでしょう。その思想とは、豊かな生命力に対する祈《いの》りです。

釈迦堂の土偶はほとんどがこわれた部品となって出土しました。明治時代の学者がとなえた身代わり説は、「土偶とはこわすことによってよみがえりを願った再生のシンボルで、子どもが無事生まれますようにという願いからたくさんつくられた」という説に、若干軌《じゃっかんき》道修正《どうしゅうせい》したほうがよいのではないでしょうか。

人の顔の形をした把っ手がついた土器も見つかりました。

ヘビの文様がついた土器。高さ 35.6㎝。

カエルの文様のついた土器。高さ 47㎝。

［参考］
『新版山梨の遺跡』山梨県考古学協会編　山梨日日新聞社 1998
［画像提供］釈迦堂遺跡博物館

もっと知りたいキミへ!
釈迦堂遺跡…山梨県笛吹市一宮町千米寺 764　釈迦堂遺跡博物館

寺《てら》野《の》東《ひがし》遺跡 栃木県小山市

環《かん》状《じょう》の盛《も》り土《ど》がある集《しゅう》落《らく》

寺野東遺跡には幅10～15mの川が流れていました。その水を利用するためにつくられた、木の枠を組んだ施設です。ここからトチノキの実など植物の種や皮がたくさん見つかりました。

縄文時代の後期《こうき》から晩期《ばんき》にかけて、土を盛《も》り上げて土手《どて》を築《きず》いたムラが各地にあらわれました。ムラの一角《いっかく》に土をうずたかく盛るのは、縄文中期《ちゅうき》の三内丸山《さんないまるやま》遺跡などで見られますが、後期になると土手が環状《かんじょう》になるように設計《せっけい》されました。栃木《とちぎ》県小山《おやま》市の寺野東遺跡は、その典型的《てんけいてき》な例《れい》です。

この遺跡の環状の盛《も》り土《ど》は、直径《ちょっけい》が160m以上、幅《はば》が二十数mにもなる、とても大きなものです。残念《ざんねん》なことに東側は用水《ようすい》によって削《けず》られており、全体の3分の2ほどしか残っていませんが、全体はほぼ正円形《せいえんけい》になっていたのでしょう。盛り土をカットしてみたところ、周辺の地表面《ちひょうめん》より深《ふか》いところに堆積《たいせき》しているローム層《そう》が盛り土の中位から出たことと、盛り土の内側がくぼんでいることから、内側の土をローム層までけずって盛り上げたことがわかります。内側のくぼ地からは晩期の建物跡《たてものあと》などが見つかり、さらにその中央には、削り残した高まりに石が敷《し》かれていました。

盛り土は高いところで2m以上と背丈《せたけ》よりもはるかに高くなります。これらはいっきに盛り上げられたのではなく、何回も削っては盛り土にしたものです。このことは、土層《どそう》が20層以上におよぶところもあることや、出てきた土器《どき》の時期が後期前半～晩期前半にまでおよぶことから確かめられました。

盛り土のなかからは土製耳飾《どせいみみかざ》りが対《つい》になって出土《しゅつど》したのが3地点で確認《かくにん》されており、墓《はか》があった可能性《かのうせい》があります。また、住居《じゅうきょ》跡《あと》も数棟《すうとう》確認されました。穴《あな》を掘《ほ》って土器を埋《う》めた、埋甕《うめがめ》とよんでいる施設《しせつ》や炉跡《ろあと》もいくつか見つかりました。

寺野東遺跡と似《に》たような環状盛り土は、千葉《ちば》県から埼玉《さいたま》県にかけていくつか見つかっています。こうした盛り土がなんのためにつくられたのかはむずかしい問題で、まつりのための施設で

図の茶色の部分が環状盛り土です。

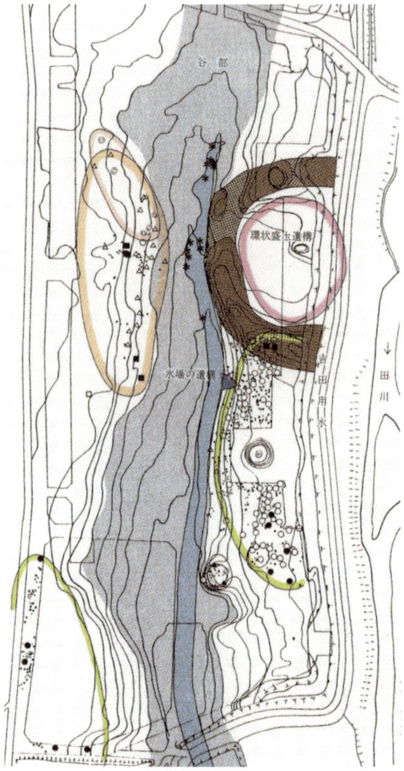

発掘時のようす。環状の盛り土の部分がゆるやかになっています。

あるとか、日常《にちじょう》の片《かた》づけ作業《さぎょう》の結果であるとかさまざまな意見があります。寺野東遺跡では各地の土器が見つかっており、なかには東海《とうかい》地方から近畿《きんき》地方の遠いところの土器もまじっていました。このように大きなマウンド（盛り土）をもたない地域からやってきた人にとっては驚《おどろ》くべき施設だといえるでしょう。これは加曾利貝塚《かそりかいづか》などの貝塚のマウンドにもあてはまります。寺野東遺跡の中央《ちゅうおう》くぼ地のまんなかの高まりは、岩手《いわて》県の西《にし》田《だ》遺跡や秋田《あきた》県の大湯環状列石《おおゆかんじょうれっせき》の環状墓地の、集落開拓者《しゅうらくかいたくしゃ》が眠《ねむ》る中央の埋葬区《まいそうく》を思い出させます。大きな環状の盛り土には、長い時間をかけて祖先《そせん》が築いてきた、わがムラの大きさを誇《ほこ》るような意味があったのかもしれません。

［上］出土したさまざまな遺物。［左下］盛り土の断面。色がちがう層が積み重なっているのがわかります。
［右下］遺物が出土したときのようす。

［参考］
『寺野東遺跡』江原英・初山孝行
日本の遺跡 23、同成社 2007
［画像提供］栃木県教育委員会

もっと知りたいキミへ！
寺野東遺跡…栃木県小山市大字梁 2075-4　おやま縄文まつりの広場

権現原貝塚《ごんげんばらかいづか》 千葉県市川市

墓坑《ぼこう》に埋葬《まいそう》された人《ひと》びとの関係《かんけい》がわかった

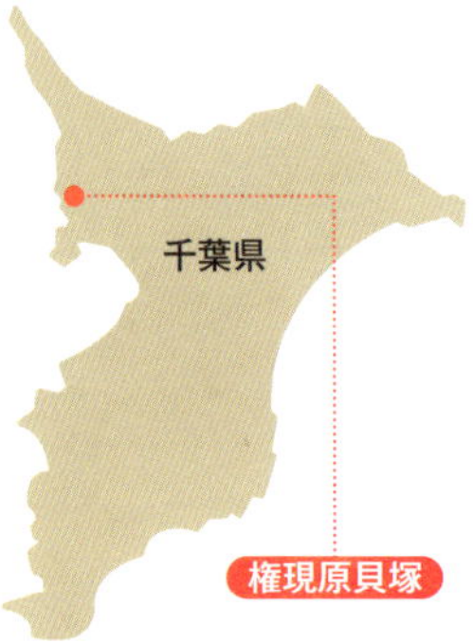

千葉《ちば》県の房総《ぼうそう》地方から茨城《いばらき》県にかけて、一つの墓穴《はかあな》にたくさんの遺骨《いこつ》を納《おさ》めた墓が出現します。あとでお話しする茨城県の中《なか》妻《つま》貝塚では、直径《ちょっけい》2mほどの墓に、なんと100体以上の人骨《じんこつ》が納められていました。もちろん、死んだ人を次つぎと埋葬《まいそう》していったら、こんな小さな墓では遺体《いたい》であふれかえってしまいます。これらは、いったん埋めるなどして骨にしたあと、遺骨を取り出して再《ふたた》び埋める方法の墓です。これを再葬墓《さいそうぼ》とよんでいます。

一つの土坑《どこう》のなかにいっしょに納められた人びとの間には、生前《せいぜん》にどのような関係があったのでしょうか。千葉県の権現原貝塚の再葬墓の分析《ぶんせき》から、おもしろい説《せつ》が立てられているので、紹介《しょうかい》しましょう。

この墓からは、全部で18体の人骨が出土しました。年齢《ねんれい》は5歳くらいから50歳代まで、男女ともに埋められています。当時は50歳くらいで亡《な》くなっていましたから、老《ろう》若男女《にゃくなんにょ》といってよいでしょう。みなさん、自分の臼歯《きゅうし》（奥歯《おくば》）を鏡《かがみ》で見てください。表面にひびが入ってでこぼこしています。5つにわかれる場合と6つにわかれる場合があります。現代人ではほとんどが5つにわかれるようですが、この18体は9体ずつと半々《はんはん》でした。それぞれ遺伝的《いでんてき》なつながりが強いグループだといえます。

この墓のすぐそばには、掘《ほ》り返したあとのある穴が2群《ぐん》にわかれて見つかりました。再葬する前の遺体《いたい》がはじめに埋められていた穴だと考えられています。おのおのの群は穴が重《かさ》なりあっていたので、おたがいに身近《みぢか》な関係にあったとされ、それぞれが、臼歯のひびが5つのグループと6つのグループの人びとの、最初の埋葬坑《まいそうこう》と考えられています。

最初の埋葬坑は縄文時代の中期終末《ちゅうきしゅうまつ》で、再葬墓は後期初《こうきしょ》

イノシシの線刻画が描かれている深鉢土器。（高さ30.7㎝）顔の下に大きな牙が描かれています。

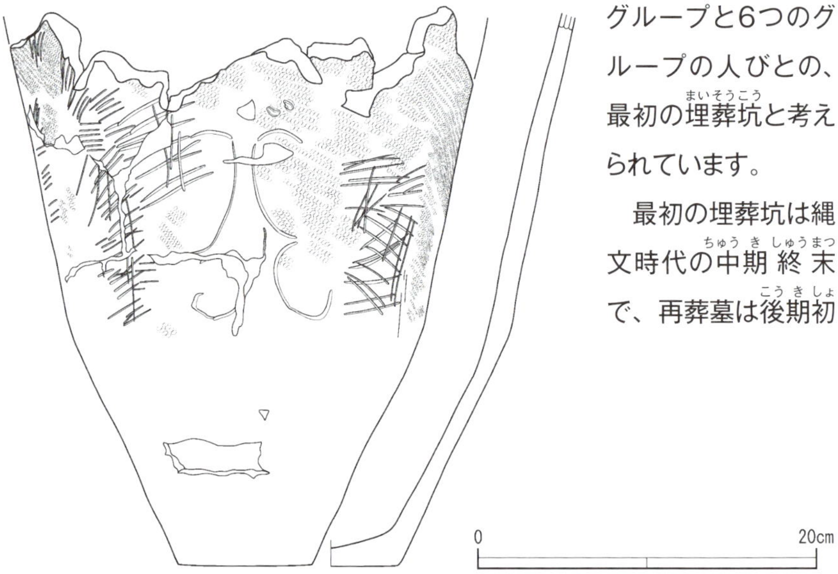

権現原貝塚の合葬墓。

頭《とう》です。権現原の集落《しゅうらく》は中期終末に始まりますから、これら再葬された人びとは集落を築《きず》いた人たちだと考えられています。どこかから、血のつながりのない二つのグループがやってきて、この地にムラを築いたと考えられ、おたがいに力を合わせてやっていこうという決意《けつい》表明《ひょうめい》として、集落を築いた人たちの骨を一つの墓穴に合葬《がっそう》したというのです。

　縄文時代の中期終末は気候《きこう》が寒冷化した時期《じき》で、関東《かんとう》地方の多くの場所でそれまで大きかった集落が分散《ぶんさん》して小型化《こがたか》していきます。そのような過程《かてい》で分散した二つの集団が出会い、集落を築いた――いわば祖先《そせん》の骨を中心にして結束力《けっそくりょく》をかため、ムラを発展《はってん》させていったのではないか、と考えられています。祖先をうやまう縄文人の生き方をしめす、よい例《れい》といえるでしょう。

［上］住居の跡。［下］住居の跡から発見された埋甕。

［画像提供］
市川考古博物館

もっと知りたいキミへ！
権現原貝塚…千葉県市川市堀之内２丁目 26-1　市川考古博物館

吉《よし》胡《ご》貝《かい》塚《づか》 愛知県田原市

300体《たい》以《い》上《じょう》の人《じん》骨《こつ》が発《はっ》見《けん》された

愛知《あいち》県の渥美半島《あつみはんとう》には、人骨《じんこつ》がたくさん見つかる貝塚《かいづか》がいくつもあります。吉胡貝塚もそのひとつで、京都《きょうと》大学で人類学《じんるいがく》を研《けん》究《きゅう》していた清野謙次《きよのけんじ》さんが1922～23年（大正11～12）に発掘《はっくつ》して300体もの人骨を掘《ほ》りだしました。明治《めいじ》時代の人類学は、日本人の起源《きげん》を神話《しんわ》や古典《こてん》から探《さぐ》るのが主流《しゅりゅう》でしたが、明治時代の終わりから大正時代になると、古い人骨の特徴《とくちょう》を調《しら》べあげて、それを現代人と比較《ひかく》する方法が主《しゅ》流《りゅう》になりました。そのためには標本資料《ひょうほんしりょう》がたくさん必要《ひつよう》です。そこで縄文時代の貝塚に埋まっている人骨が発掘されるようになったのです。

当時の発掘は人骨を得《え》るのが主目的《しゅもくてき》でしたから、清野さんは30日あまりで300体以上の人骨を掘り上げました。しかし今では1体の人骨に1週間以上の時間をかけるほど、調査《ちょうさ》も精密《せいみつ》になりました。当時の人びとの死者《ししゃ》に対する気持ちや考えを探《さぐ》るためには、埋葬方法《まいそうほうほう》をこと細《こま》かに調査する必要があり、それには図面《ずめん》や写真を丹念《たんねん》にとって記録《きろく》を残さなくてはならないからです。

自然科学《しぜんかがく》の力をかりて、人骨を調べる方法もずいぶん進歩《しんぽ》しました。吉胡貝塚の人骨を自然科学の方法を使って調べた結果があるので紹介《しょうかい》しましょう。それは、ストロンチウムという元素《げんそ》をもちいたものです。

自然界のストロンチウムは土地によって値《あたい》がちがいます。植物やそれを食べる草食動物は、地域《ちいき》によって体にふくまれるストロンチウムの値がちがうことになります。これを食べた人間の骨のストロンチウムもその値に近くなりますが、骨にふくまれるストロンチウムは10年ほどで入れかわります。一《いっ》方《ぽう》、歯にふくまれるストロンチウムは、その値が若《わか》いときに固定《こてい》されるので、年をとってどこか別の土地に移《うつ》っても値は生涯《しょうがい》変わりません。この法則《ほうそく》を利用すれば、一人の成《せい》人《じん》の歯と骨のストロンチウム値を比較して、

［左］現在の吉胡貝塚史跡公園。最も古い貝塚をそのまま保存処理した展示施設もあり、発掘したままの状態で見学できます。［右］吉胡貝塚資料館では、吉胡貝塚の人びとの暮らしを模型、写真、出土品で説明してあります。

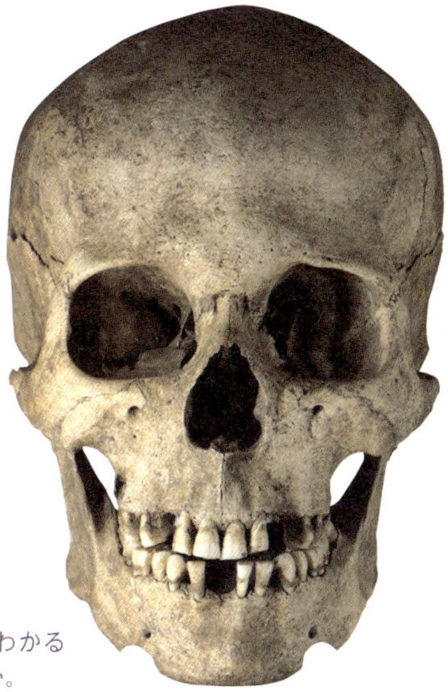
抜歯のあとがわかる
成人男性の頭骨。

骨製の腰飾りも
出土しました。
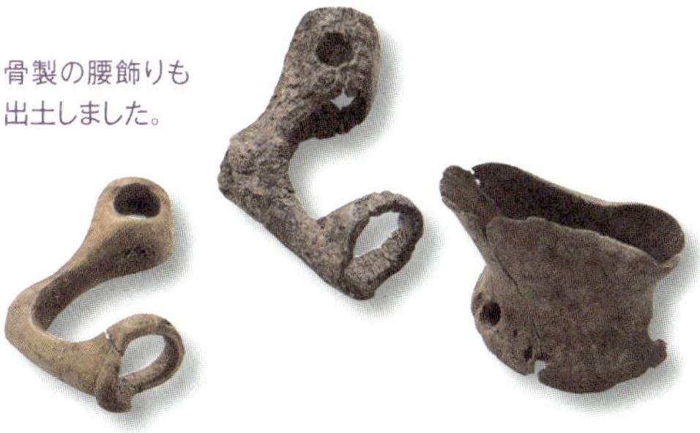

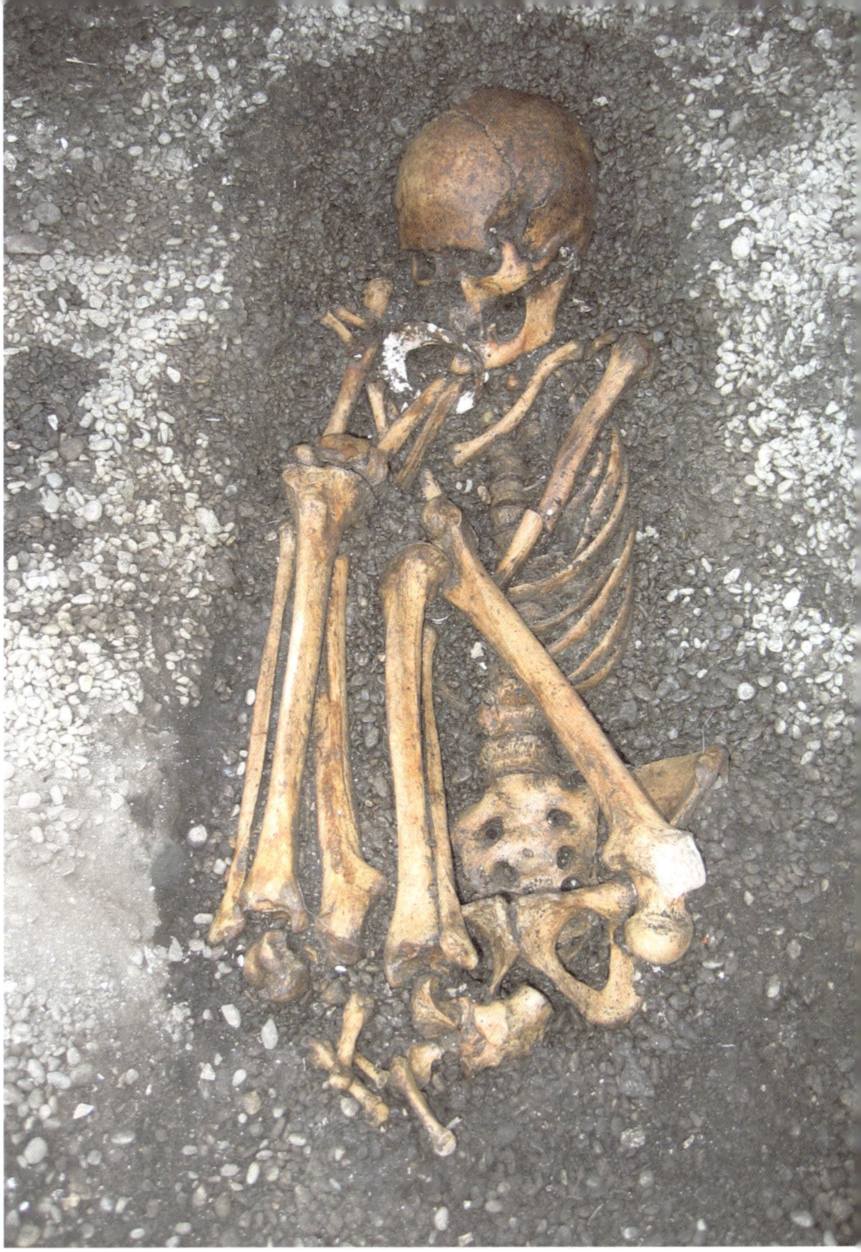
2005年（平成17）の発掘調査で見つかった、埋葬された人骨。遺体を折りたたんだ屈葬（くっそう）とよぶ埋葬方法です。

その人が少年期からずっとその集落《しゅうらく》にいたのか、どこかよそから移住《いじゅう》してきたのかを推《すい》定《てい》することができます。

そこで吉胡貝塚の人骨を分析《ぶんせき》したところ、およそ３割半がよそからの移住者であることがわかりました。移住者には下あごの切《せっ》歯《し》を４本抜《ぬ》いた人と、犬歯《けんし》を２本抜いた人がいずれもふくまれていました。

縄文人には、健康《けんこう》な歯を生前《せいぜん》に抜く風《ふう》習《しゅう》がありました。これを抜歯《ばっし》といいます。上あごの犬歯の抜歯が成人式《せいじんしき》で、下あごの抜歯が結婚式《けっこんしき》だとされていますが、下あごの切歯を抜いた人が地元出身者で、犬歯を抜いた人が嫁《とつ》いできた人、つまり移住者ではないか、という説《せつ》があります。ストロンチウムの分析結果《ぶんせきけっか》は、それに当てはまらないことになってしまいますね。縄文人の婚姻制《こんいんせい》度《ど》の問題を研究《けんきゅう》するうえでも、この分野《ぶんの》のこれからの研究が注目されています。

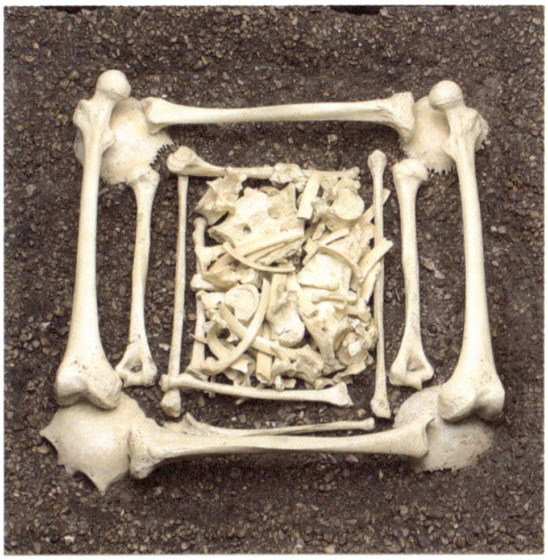
吉胡貝塚資料館に展示してある「盤状集骨」の模型。一度埋葬して白骨化した骨をふたたび埋葬したと考えられています。

［参考］
『吉胡貝塚資料館展示案内』
吉胡貝塚資料館 2008
「縄文時代人の食性と集団間移動」日下宗一郎 2012『考古学研究』59－1

［画像提供］
田原市教育委員会

もっと知りたいキミへ！
吉胡貝塚…愛知県田原市吉胡町矢崎 42-4　吉胡貝塚資料館（吉胡貝塚史跡公園 シェルマよしご）

中《なか》妻《つま》貝《かい》塚《づか》 茨城県取手市

DNA鑑《かん》定《てい》から縄《じょう》文《もん》人《じん》の親《しん》族《ぞく》関《かん》係《けい》がわかった

私たちの体は、お父さんとお母さんから生まれたもので、遺伝子《いでんし》が引《ひ》き継《つ》がれています。遺伝子は染色体《せんしょくたい》という組織にあるDNAを通じて伝えられるわけですが、それによって体つきも遺伝します。骨や歯であれば、形や大きさが受けつがれます。ですから、縄文時代のひとつの墓地から出土《しゅつど》した何体かの人の骨と歯やDNAを調べることによって、人びとの血縁関係《けつえんかんけい》をつきとめる手がかりを得ることができるでしょう。

茨城《いばらき》県の中妻貝塚から、それを調べるうえでとても重要な発見がなされました。中妻貝塚は縄文時代後期《こうき》の遺跡で、古くから土《ど》器《き》や石器《せっき》とともに人骨《じんこつ》が出土することで知られていましたが、1988年（昭和63）、道路を通すことになって発掘調査《はっくつちょうさ》されました。その結果、ひとつの穴《あな》（土坑《どこう》）からおびただしい数の人骨が出土したのです。

土坑は直径《ちょっけい》約2mの円形《えんけい》で、深《ふか》さは1mほどです。はじめ、土坑を埋《う》めている土の上の方から何体かの人骨が出てきましたが、掘《ほ》り進めると次から次へと頭蓋骨《ずがいこつ》や足や腕の長い骨などが出土し、なんと100体以上が埋められていることが判明《はんめい》したのです。こんな小さな穴に100体以上はそのままでは入りません。すべて骨にした後に、まとめて埋葬《まいそう》したのにちがいありません。これらの人骨は老若男女《ろうにゃくなんにょ》からなっていましたが、男性と女性の割合はおよそ2:1です。

人体のうちでも歯の形態《けいたい》はよく遺伝します。そこで、残りのよかった29体の歯を調べてほかの遺跡の縄文人骨と比較《ひかく》したところ、それぞれ10体ほどの血縁関係が強いと考えられる二つのグループにまとまることがわかりました。この二つのグループは、それぞれが家系《かけい》を示《しめ》すと考えられています。さらにこのうちの21体のミトコンドリアDNAが調べられました。その結果、9つの異《こと》なる

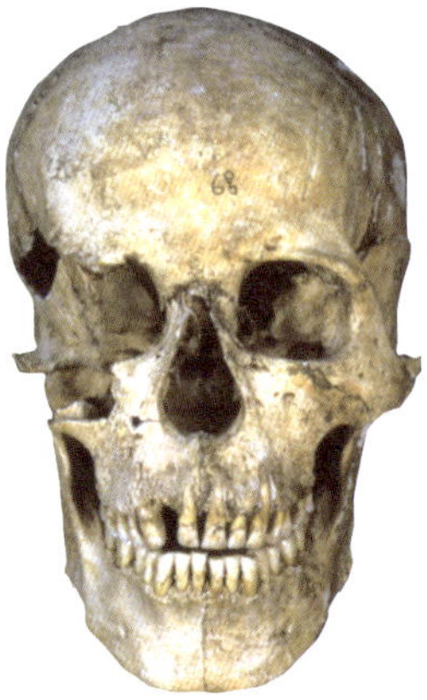
ほぼ全身の骨格が残っていた6号人骨の頭骨。

加曾利B式という縄文後期中ごろの土器。高さ17.2㎝。

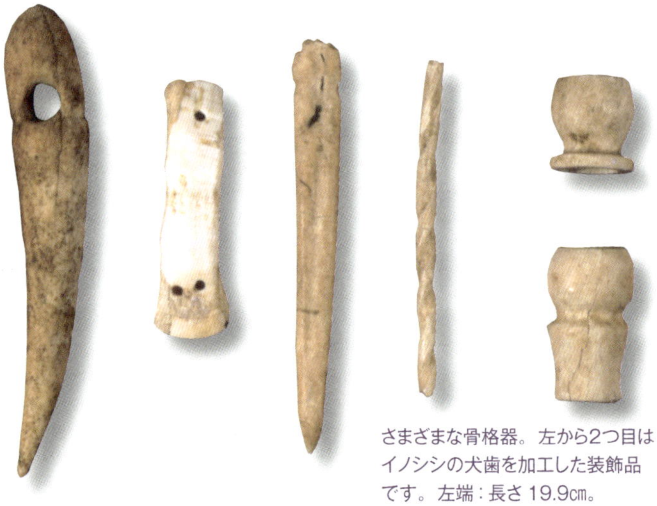
さまざまな骨格器。左から2つ目はイノシシの犬歯を加工した装飾品です。左端：長さ19.9㎝。

100体以上の人骨が埋葬されていました。

塩基配列《えんきはいれつ》が確認《かくにん》できましたが、そのなかの2つのグループに複数《ふくすう》の人がふくまれていていることもわかりました。

そこで歯の形態《けいたい》が類似《るいじ》するグループとミトコンドリアDNAの共通するグループを総合したところ、歯の形態が類似するグループとミトコンドリアDNAが共通するグループの間に結びつきのあることがわかりました。また、女性のほうがDNAの結びつきが強いこともわかりました。これは何を示しているのでしょうか。ミトコンドリアDNAは母方《ははかた》の血筋《ちすじ》を通じて遺伝します。ミトコンドリアDNAでつながった中妻貝塚に埋葬された人びとの社会は、母方の血筋の人が多い母系《ぼけい》の傾向のある社会だったのではないかと考えられました。

もちろんこれは中妻貝塚にかぎった分析《ぶんせき》の結果なので、縄文時代の社会全体がそうだとはかぎりません。このような調査《ちょうさ》と分析をもっともっと積み重ねていけば、縄文時代の人びとの組織《そしき》がわかってくるでしょう。

貝がらといっしょに土器も見つかりました。

貝塚の層の断面。ほとんどがシジミガイで、マダイ・クロダイ・スズキなどの魚の骨も多く見つかりました。

［画像提供］
取手市教育委員会

もっと知りたいキミへ！
中妻貝塚…茨城県取手市　取手市埋蔵文化財センター…茨城県取手市吉田383

研究者インタビュー 3

自分の生活様式って骨に絶対に出ます

谷畑 美帆 たにはた みほ

たにはた　みほ……
［古病理学］
京都市生まれ。明治大学文学部史学地理学科考古学専攻卒業。東京藝術大学大学院芸術学科保存科学専攻修了（学術博士）。現在、明治大学日本先史文化研究所客員研究員。
著書に『江戸八百八町に骨が舞う』『O脚だったかもしれない縄文人』（共に吉川弘文館）共著に『考古学のための古人骨調査マニュアル』（学生社）など。

人類学に興味を持ったきっかけは？

小学生のときに古代《こだい》エジプト展《てん》を見にいったら、今までみたことのないミイラなどが展示《てんじ》してあってびっくりしました。そういうことを勉強するのは人類学《じんるいがく》というのだと教えてもらって、興味《きょうみ》をもつようになりました。

古病理学って？

人類学は、骨の形から人間について考える学問《がくもん》です。私がやっている古病理学《こびょうりがく》は、骨の形の変化から病気を見ていくのですけれども、病気も昔から同じではなく、どんどん変化しています。でも病気の種類《しゅるい》やその出かたは当時の社会のあり方と関《かか》わりがあることが多いのです。ただ、こうした研究《けんきゅう》は、あまりやっている人もいなくて…。本当はもっと進んでいいはずなのです。

なぜ大昔の骨が残るのですか？

日本の土は、酸性《さんせい》なので、骨が残りにくくなっています。しかし、縄文《じょうもん》時代の遺跡として よく知られる貝塚《かいづか》では、貝のカルシウムのおかげで土のpH（ペーハー）が中性《ちゅうせい》に近づき、骨が残りやすいといわれています。また、恐竜《きょうりゅう》の場合は、骨が鉱物化《こうぶつか》して化石《かせき》になっています。

骨から何がわかるのですか？

骨を見て病気がわかることは必ずしも多くなくて、100の病気があるとして10わかればいい方なんですよ。たとえば、結核《けっかく》という病気の場合、かなり重症《じゅうしょう》にならないと骨には残りません。また結核はもともと日本列島にはなかった病気で、今のところ一番古いのが弥生《やよい》時代の後期《こうき》の鳥取《とっとり》県の青谷上寺地《あおやかみじち》遺跡から出ている人骨《じんこつ》なのですが…。大陸《たいりく》から渡《わた》ってきたと考えられる人たちなので、その中に結核にかかった人がいるということは、結核は日本列島の外から来たものと考えていいのだと考えられています。また、弥生時

ゼミ形式での講義によって骨の魅力を伝える。

代になると傷のある人骨が出てきて、人びとの間で争《あらそ》いが起きるようになったのだとも言われていますが、じつは縄文時代の骨からもそういう痕《あと》は見つかるのです。

この仕事で いちばん楽しいときは？

やっぱり古い人骨をみている瞬間《しゅんかん》が一番楽しいです。見ているといろいろなことがわかってきます。この人はごつくて、男っぽいのに、手はみょうにきゃしゃだなあ、とか、縄文系の顔をしているなあとか。出土《しゅつど》した人骨を改《あらた》めて研究すると新しいことが分かったりもします。現場ではしっかり観察《かんさつ》することができないので、研究室でじっくり考えながら見ていくことが多いです。もちろんこれからもやることはたくさんあります。

子どもたちに伝えたいことは？

歴史《れきし》や人類学を学ぶことは、自分自身を考え直すためのいいきっかけになると思います。昔の方が良かったこともあるし、悪かったこともあると思います。そういうこともふくめて、学問が自分の生き方に生かせるような気さえします。

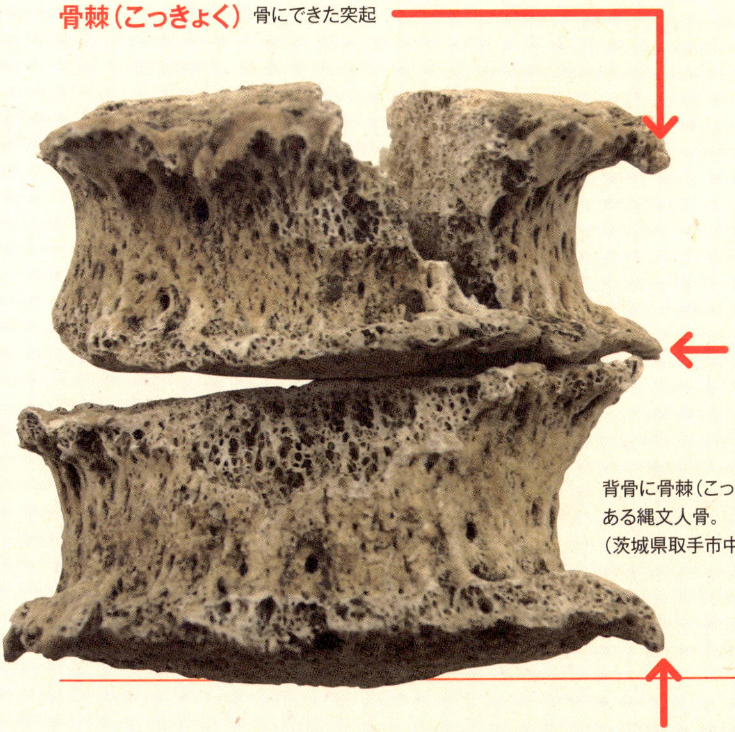

背骨に骨棘（こっきょく）という突起のある縄文人骨。
（茨城県取手市中妻貝塚出土例）

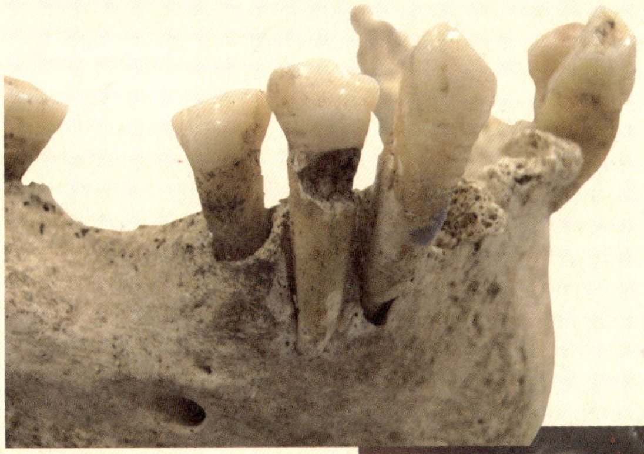

虫歯がある縄文人骨。
（茨城県取手市中妻貝塚出土例）

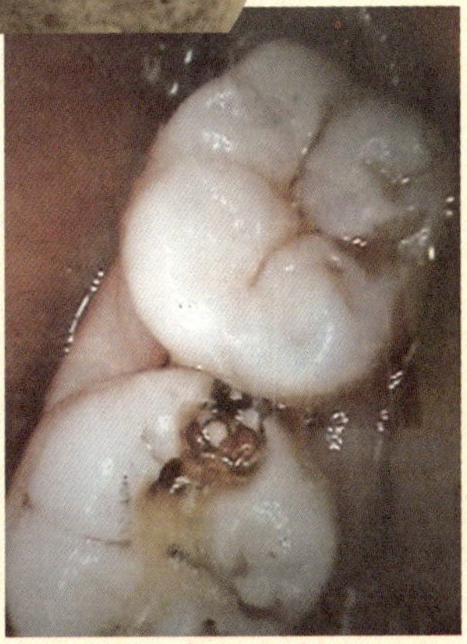

虫歯がある平成人
（谷畑氏提供）

カリンバ3遺跡《さん》 北海道恵庭市

縄文時代《じょうもんじだい》は不平等《ふびょうどう》

　縄文時代はみんなが平等《びょうどう》な社会で、弥生《やよい》時代になると権力者《けんりょくしゃ》があらわれるなど不平等《ふびょうどう》になったとされています。その原因は、弥生時代が農耕社会《のうこうしゃかい》であり、たくわえられた穀物《こくもつ》などが富《とみ》となり、もてるものともたざる者の差《さ》が生まれたからだと考えられてきました。ところが、縄文時代がまったくの平等社会《びょうどうしゃかい》であったかといえば、そうではない証拠《しょうこ》もあげることができます。北海道《ほっかいどう》のカリンバ3遺跡などは、そのよい例でしょう。

　この遺跡は縄文後期《こうき》の終わりころの遺跡で、300基《き》ほどの墓が見つかりました。そのうちの三十数基の墓から、漆製品《うるしせいひん》が出土《しゅつど》しています。漆製品は全部で125点を数え、櫛《くし》、腕輪《うでわ》、頭飾《あたまかざ》り、腰飾《こしかざ》りなどの輪状《わじょう》、ひも状の製品《せいひん》です。さらに首飾《くびかざ》りの玉やサメの歯もともなっていました。これらは身につけたまま葬《ほうむ》られた装身具《そうしんぐ》のほかに、副葬品《ふくそうひん》として納《おさ》められたものもあったでしょう。副葬品・装身具をもつ三十数基の墓のうち、櫛が出土した墓は大型の合葬墓《がっそうぼ》です。なかでもとくにたくさんの副葬品・装身具が出土した墓が4基あります。123号墓では、櫛が2～3個まとまって3か所から見つかりました。つまり、3体の人びとがいっしょに葬られていたのです。

　これらの櫛は、箸《はし》のような棒《ぼう》を何本か束《たば》ね、その根元《ねもと》をひもで結《ゆ》わえ、ベンガラ漆《うるし》でしっかりとかため、きれいな透《す》かし彫《ぼ》りを施《ほどこ》した、それはみごとなものです。墓のな

透かし彫りがみごとな漆塗りの櫛。縦 5.6cm×横 8.3cm。

漆塗りの櫛。
縦 5.8cm×横 8.9cm。

［左］首飾りの玉。左：幅 1.8cm［右］逆さに埋められていた土器。高さ24.2cm。

123号墓の副葬品。[上] 櫛が3つ、漆塗りの輪が4つ、白く三角形のものはサメの歯、青いものはカンラン岩の勾玉です。

かにもベンガラが敷《し》かれていて、出土した時は赤い櫛がさらに朱《しゅ》に染《そ》まり、たいへんきれいでした。櫛はとくに念《ねん》入《い》りにつくられていて、ごくわずかな人しか身につけることができないことからすれば、特別《とくべつ》な身分《みぶん》の人たちがいたことは疑《うたが》いありません。副葬品や装身具の量からすれば、大量にもっていた人びと、かなりの数もっていた人びと、わずかにもっていた人びと、もっていなかった人びとという4段階《だんかい》ほどの区別《くべつ》があったことになります。

でも、注意をしなくてはならないのは、これらを大量にもっていた人びとは一人だけに限ったものではないことです。一つの墓に合葬されていたことからすれば、同時に何人かいたことになります。弥生時代になると北部《ほくぶ》九州《きゅうしゅう》などで大量に副葬品を納めた墓があらわれますが、最初のころはやはり何人かの人たちが大量に副葬品をもっていましたが、古墳《こふん》時代に向かうにしたがって、一人に限られるようになりました。ですから有力者《ゆうりょくしゃ》といっても、何人かが役割分担《やくわりぶんたん》などをしあっていた状態《じょうたい》からすれば、古墳時代の権力者《けんりょくしゃ》とはその性格《せいかく》やあり方がちがうことにも注意しなくてはなりません。

[画像提供]
恵庭市教育委員会

もっと知りたいキミへ!
カリンバ3遺跡…北海道恵庭市南島松157-2　史跡カリンバ遺跡／恵庭市郷土博物館

船《ふな》泊《どまり》遺跡 北海道礼文郡

海《うみ》を行《い》きかい、交《こう》流《りゅう》した日《に》本《ほん》列《れつ》島《とう》最《さい》北《ほく》端《たん》の人《ひと》びと

北海道《ほっかいどう》の最北端《さいほくたん》、宗谷岬《そうやみさき》の西の海に浮《う》かぶのが礼文島《れぶんとう》です。稚内港《わっかないこう》からフェリーに乗って約2時間で到着《とうちゃく》します。この島の北端《ほくたん》の船泊湾《ふなどまりわん》に面《めん》した浜辺にあるのが船泊遺跡で、1999年（平成11）に発掘調《はっくつちょう》査《さ》されました。その結果、縄文時代後期《こうき》の住居《じゅうきょ》の跡《あと》や作業場《さぎょうば》の跡《あと》、墓《はか》などが見つかり、遺物《いぶつ》もたくさん出土《しゅつど》しました。遺跡からはトドやニホンアシカ、アホウドリの骨《ほね》も大量に出土しています。骨角器《こっかくき》の銛《もり》の先もたくさん見つかっていますから、これら海の幸《さち》をおもな食糧にしていたようです。ここでは、墓について見ていくことにしましょう。

墓は28か所で見つかり、すべての墓に人骨《じんこつ》が残っていました。どれも楕円形《だえんけい》の墓穴《はかあな》を掘《ほ》り、そこに遺体《いたい》の手足を折《お》りたたんで埋葬《まいそう》していました。太ももが胸《むね》につくほどに強く折り曲《ま》げられています。このような葬《ほうむ》りかたを「屈葬《くっそう》」とよんでいます。縄文時代によく見られる葬りかたで、よみがえらないように手足をしばって葬ったのでしょう。

人骨のうちわけは、成人《せいじん》の男性が6体、成人の女性が10体、子どもが5体、生まれたばかりの子どもが7体でした。成人には若者から年寄りまでいますので、ともに暮《く》らしていた家族的な人びとが葬られていたようです。成人の6体の歯には歯槽膿漏《しそうのうろう》がありました。採集狩猟生活《さいしゅうしゅりょうせいかつ》を送っていたほかの世界の人とくらべると、縄文人は採集狩猟民にしては虫歯《むしば》の人が多く、それはデンプン質《しつ》の食べ物を多くとっていたからだとされています。また4体の女性の骨盤《こつばん》には、出産《しゅっさん》したときにできた痕《あと》がありました。こうしたことも骨からわかるのですね。

このうちの18体に、貝でつくった装身具《そうしんぐ》

小柄な成人女性は、ビノスガイ製のネックレスとブレスレットを身につけていました。

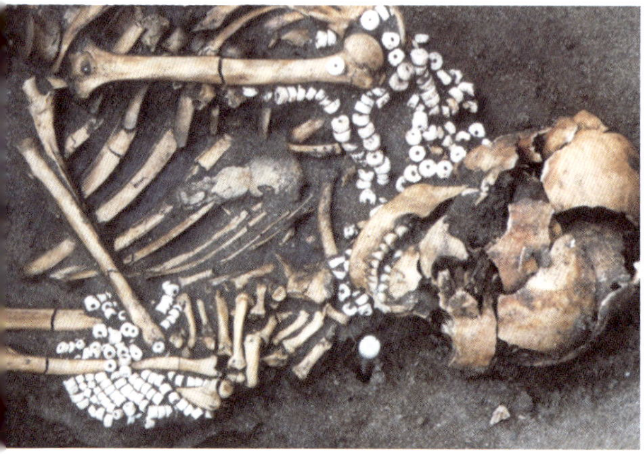

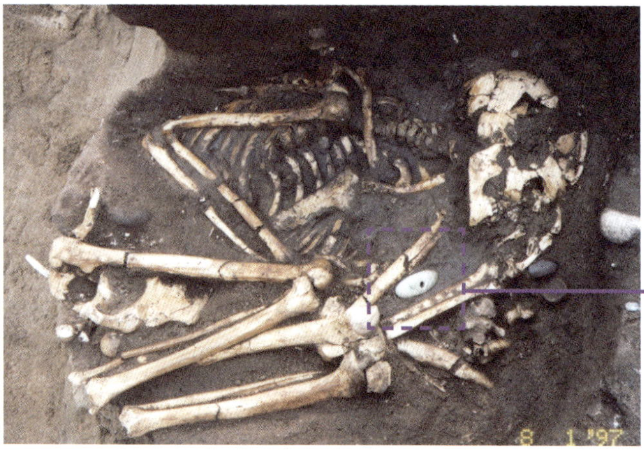

ヒスイ製のペンダントをつけた7号墓の成人男性。

ヒスイ製のペンダント。このヒスイは新潟県姫川産。右：長さ6.4cm。

ビノスガイ製の貝玉アクセサリー。ひとつの玉が直径約1cm。

がつけられていました。とくにビノスガイという礼文島産の貝でつくった平たい玉は人骨の胸や腕、足から大量に出土し、腕輪や足輪にしていたことがわかりました。子どもにもたくさんの装身具がつけられていて、島全体が豊かな暮らしをしていたようです。

遺跡のなかからは、製作途中の平玉がたくさん出土しました。それとともにメノウでつくったドリルがたくさん見つかっていますので、この遺跡で玉づくりをしていたようです。こうした貝でできた平玉は、ロシアの沿海州やシベリアにまで広がっていて、それらの地域に運んで何かと交換していたのかもしれません。貝のなかにはイモガイやタカラガイなど南の方でとれた貝もまじっています。礼文島の縄文人は、海を通じていろいろな地域の人びとと行き来していたのではないでしょうか。

人骨が発掘されたときのようす。

船泊遺跡の全景。左側が船泊湾。

骨でつくった銛の先につけられた矢じりは、天然のアスファルトで接着されていました。長さ約6cm。

［画像提供］
礼文町教育委員会

もっと知りたいキミへ！
船泊遺跡…北海道礼文郡礼文町香深ピスカ21内　礼文町郷土資料館

船泊遺跡

北《きた》村《むら》遺跡 長野県安曇野市

縄《じょう》文《もん》人《じん》は何《なに》を食《た》べていたのか

北村遺跡は長野《ながの》県のまん中あたり、犀川《さいがわ》がつくった段丘《だんきゅう》の上にある遺跡です。ここから、縄文時代中期《ちゅうき》～後期《こうき》の人骨《じんこつ》が300体以上出土《しゅつど》しました。縄文時代の人骨は、貝塚から出土することが多いのですが、これは貝にふくまれているカルシウムというアルカリ成分が骨の分解速度《ぶんかいそくど》を弱めるからです。縄文時代の遺跡の多くは台地上《だいちじょう》にあり、酸《さん》性《せい》の土壌《どじょう》のため骨の残りは悪いのがふつうです。貝塚のない内陸《ないりく》でも、じめじめした低《てい》湿地《しっち》遺跡であれば、酸素《さんそ》が遮断《しゃだん》されてバクテリアの増殖《ぞうしょく》がおさえられ、骨が残る場合があります。千葉《ちば》県茂原《もばら》市の下太田《しもおおだ》遺跡などはその例《れい》で、200体近くの人骨が出土しました。

北村遺跡は低湿地遺跡ほど水分が豊富《ほうふ》ではなかったのですが、微《び》アルカリ性でカルシウム・イオン濃度《のうど》の高い地下水《ちかすい》に保護《ほご》されていました。人骨の多くは焼《や》き豆腐《どうふ》のようになっていましたが、なかには全身がきれいに保存《ほぞん》されているものもあり、胸《むね》にイノシシの牙《きば》でつくった胸飾《むねかざ》りや腕輪《うでわ》をした男性人骨や、頭にやはりイノシシの牙でつくったかんざしをつけた男性人骨もありました。

北村遺跡の人骨でたいへんおもしろいのは、分析《ぶんせき》によって何を食べていたのかがだいたいわかったことです。この分析は、骨にふくまれる炭素《たんそ》13と窒素《ちっそ》15の割合《わりあい》を調べるもので、炭素《たんそ》・窒素同位体分析《ちっそどういたいぶんせき》とよんでいます。動物には炭素と窒素がふくまれています。それは一つの個体《こたい》であれば肉でも骨でも同じ割合ですが、動物の種類によってその割合は異《こと》なります。グラフに落とすと、トド・アザラシなど海獣類《かいじゅうるい》の炭素・窒素同位体の範囲《はんい》、海の魚の範囲など、それぞれの動物群《どうぶつぐん》で比率《ひりつ》の範囲がちがいます。その動物の肉を人が食べると、食べた動物の炭素と窒素が骨に蓄積《ちくせき》されます。同じ種類の動物を食べ続ければ、その動物の炭素と窒

ほとんどが屈葬という、手足を折り曲げて埋葬されていました。

発掘作業のようす。

ほとんどの人骨が水分をふくんでいて、保存状態はよくありませんでした。

2体いっしょに埋葬したものと思われます。

胸の上にイノシシの牙製首飾りと思われる装身具、右手首にもイノシシの牙製腕輪を身につけていました。

素の割合が人骨に反映《はんえい》されるわけです(P110 米田《よねだ》 穣《みのる》 先生のインタビューを参考《さんこう》にしてください)。

この方法をもちいて日本列島の各地の人骨が分析されています。北海道《ほっかいどう》の縄文時代の人骨は、トド・アザラシなど海獣の炭素・窒素同位体比と比較的《ひかくてき》近い値《あたい》の部分にきており、関東《かんとう》地方の貝塚から出土した人骨は、草食《そうしょく》動物の範囲《はんい》から海の貝に引きよせられた範囲に位置《いち》します。北村遺跡の人骨は、草食動物や木の実の領域《りょういき》に近いところにまとまり、この遺跡の人びとが内陸《ないりく》の動植物をとっていたという、内陸の遺跡ならではの値が出ています。吉胡《よしご》貝塚で骨にふくまれるストロンチウムという元素《げんそ》から、その人の本籍《ほんせき》を分析する研究を紹介しました。元素をもちいた人骨の分析は、当時の人びとの食料や戸籍《こせき》を調べる手がかりとなるのです。

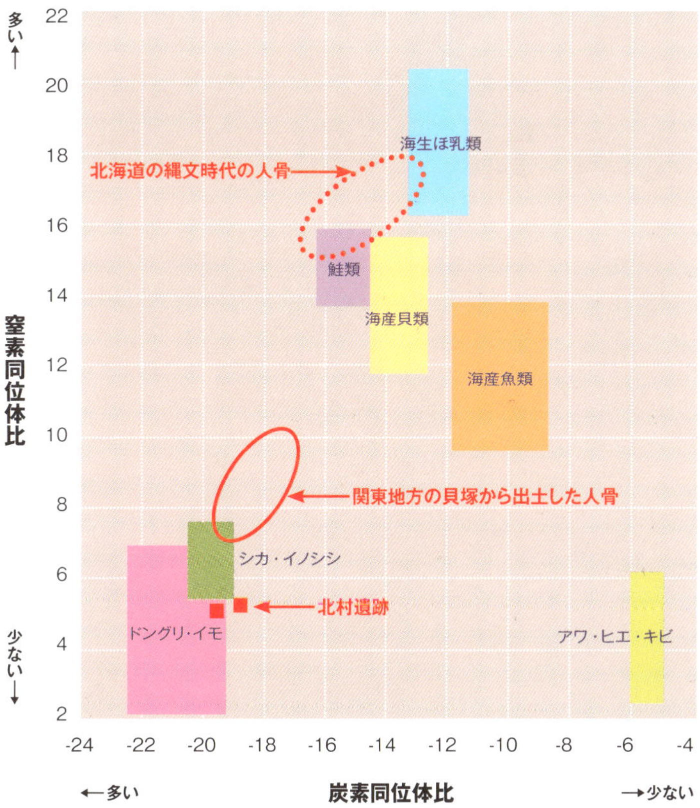

[画像提供] 長野県立歴史館

もっと知りたいキミへ!
北村遺跡…長野県安曇野市明科　長野県立歴史館…長野県千曲市大字屋代 260-6

研究者
インタビュー
4

「人とは何か」を理解したいという思いは、考古学者も、人類学者も同じです。

米田 穣 よねだ みのる

よねだ　みのる……
［同位体分析］
東京大学総合研究博物館・放射性炭素年代測定室教授。東京大学理学部生物学科卒業。国立環境研究所、英国オックスフォード大学研究員などを経て現職。

この世界に興味をもったきっかけは？

子どものころ、住んでいたところには遺跡が身近にあって、土器《どき》のかけらを拾《ひろ》って、友だちと、どっちがきれいな模様《もよう》がついているかくらべあって遊んでいました。でもあまり遺跡に興味はありませんでした。中・高一貫校《いっかんこう》に通いましたが、理系《りけい》の進路《しんろ》を志《こころざ》す人が多い学校で、科学の力で世の中の役に立つのはすばらしいことだという学校の雰囲気《ふんいき》がありました。高校生のとき、利根川進《とねかわすすむ》さんがノーベル賞を受賞（1987年ノーベル生理学《せいりがく》・医《い》学賞《がくしょう》）したことも、研究者《けんきゅうしゃ》を目指《めざ》すきっかけの一つになっています。

大学に入って、人類《じんるい》学《がく》をやろうと思っていました。3年の夏休みに、ネアンデルタール人の発掘《はっくつ》に参加《さんか》している先輩《せんぱい》に誘《さそ》われてシリアに行きました。考古《こうこ》学者《がくしゃ》以外に地質《ちしつ》や植物などいろいろな分野《ぶんや》の研究者がチームで作業《さぎょう》していて、謎解《なぞと》きのように迫《せま》っていくようすがすごくおもしろかった。そのころ骨の分析《ぶんせき》と研究は始まったばかりのころで、そういう分野《ぶんや》の研究者は日本にはほとんどいないとわかって、自分がその分野に進んだら研究調査《ちょうさ》の一員《いちいん》として役に立つことができるのでは、と思いました。

研究ってどんな仕事ですか？

自分で新しいデータを生み出して、世の中の人たちに「こんなにおもしろいことがわかりましたよ」と伝えていくプロセスが研究で、それはやっぱりすごくおもしろい。いろいろ不思議だなって思うことを自分で調べることが好きな子どもたちはぜひ挑戦《ちょうせん》してほしい

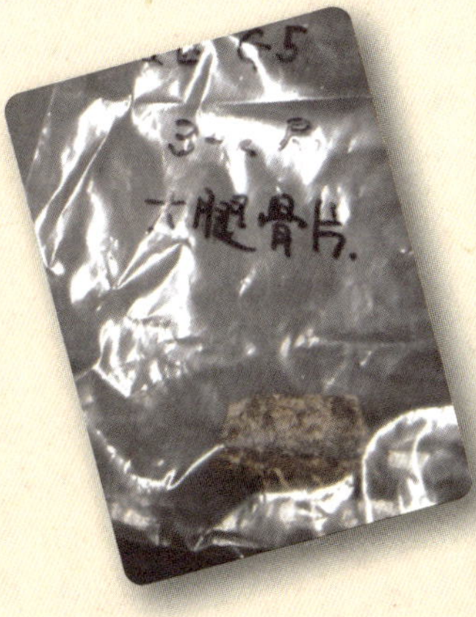

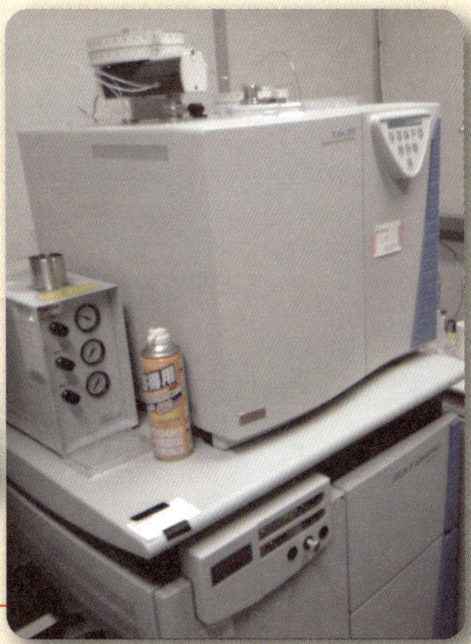

縄文時代中後期の向台貝塚（千葉県市川市）の人骨で得られた炭素・窒素同位体比のデータ。代表的な食物の値と比較してみると、陸上の植物（ドングリ・イモ等）と海の魚の間に分布している。もしも貝が主食だったら、もっと海産貝類のほうに近いはずだ。陸上の資源をたくさん利用している2個体は若い女性。内陸から沿岸の村にお嫁入りしてきて、すぐに亡くなってしまったかもしれない。

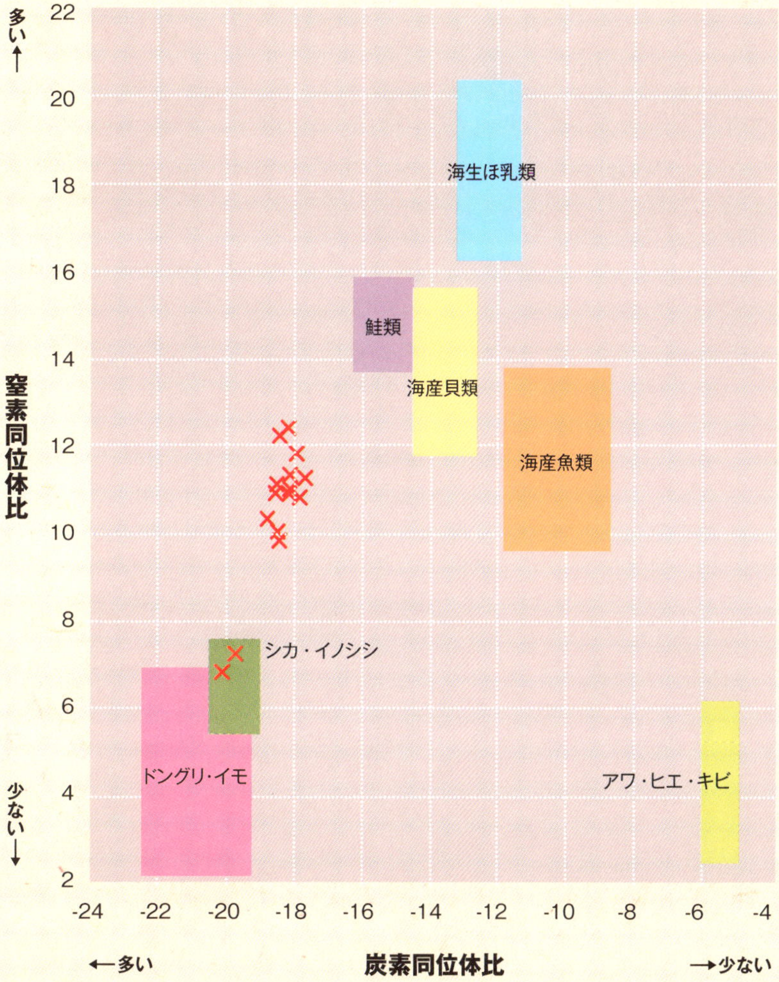

ですね。将来《しょうらい》の自分の可能性《かのうせい》を広げるためだと思えば、学校の勉強もそんなに苦《く》にならないと思います。

縄文人の骨を分析してわかったことは？

貝塚《かいづか》にはたくさんの貝殻《かいがら》がのこっていますが、縄文人《じょうもんじん》の骨を分析して同位体《どういたい》の分析結果をすなおに解釈《かいしゃく》すると、貝をたくさん食べていたようすが見えないのです。もちろん自分たちでも食べていたのはあると思うのですが、必ずしも「貝殻がたくさん残っている＝貝をたくさん食べていた」という証拠《しょうこ》ではないということが、骨を分析してわかりました。現代人《げんだいじん》は皆《みな》が同じものを食べるようになってしまったということも、同位体分析から見えることです。現代人は生態系《せいたいけい》から隔絶《かくぜつ》して生きているのだなと感じます。

これからの研究に必要なことは？

なるべく視点《してん》が多いほうがいいと思います。モノから見たとき、人の顔の形から見たとき、食べ物から見たときなど、いろんな視点から見ると、ぼんやり全体像《ぜんたいぞう》が見えてくると思う。たとえば遺伝子《いでんし》で見たときに、集団間《しゅうだんかん》での行き来とか、男性が多いのか女性が多いのか、といった社会の実態《じったい》もすこしずつ見えてくると思います。同位体分析という方法で「生態系の中で人がどんな位置《いち》にいるか」という視点から見ると、考古学者の研究を検《けん》証《しょう》する場合もふくめて、新しい側面《そくめん》が見えるのです。われわれの祖先《そせん》の研究をするというだけでなく、ヒトがいったい自然環境《しぜんかんきょう》に対してどのように適応《てきおう》してきたのか、という視点で研究し発信《はっしん》していきたいです。ぼくたちがやっているような「骨あるいは生物学的《せいぶつがくてき》な視点から見たときにどう見えるか」という視点が考古学の調査段階《ちょうさだんかい》から現場《げんば》に入っていき、おたがいに切磋琢磨《せっさたくま》していくと、よりいい結果が得られるのではないかなと思います。見ているものは少しちがうけれど「人とは何なのか」を理解《りかい》したいという目的《もくてき》は同じだと思うのです。

炭素・窒素同位体分析とは

同位体とは、同じ元素でも質量がちがう原子のこと。たとえば、炭素Cの場合だと陽子の数は６個で中性子が６個の12Ｃがほとんどだが、ごく微量に、陽子の数は同じでも中性子が７個の13Ｃ、中性子が８個の14Ｃという、３種類の同位体がある。窒素Ｎも14Nと、微量だが15Nという同位体がある。
人間や動物の体は、基本的に食べたものでできているため、骨や軟部組織に残されたタンパク質は、食料にした動植物の同位体比を反映していると考えることができる。動植物の種類によって、炭素や窒素の同位体の比率がちがうため、古代人の骨や軟部組織に残されたタンパク質を分析すれば、その食生活がわかる。

国府《こう》遺跡 大阪府藤井寺市

耳《みみ》飾《かざ》りのことがいろいろと判《はん》明《めい》した

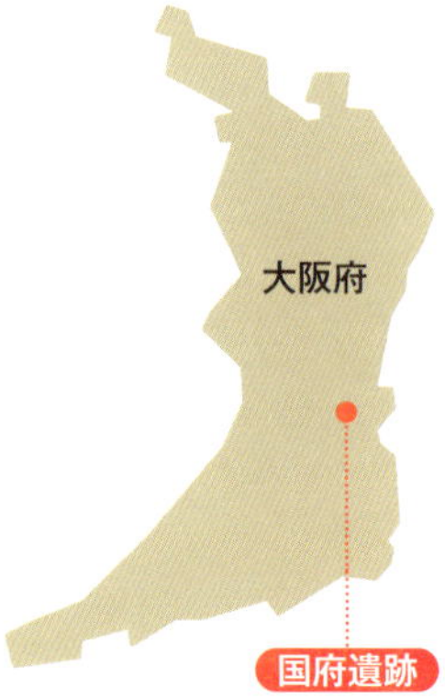

縄文時代の耳飾《みみかざ》りは、明治《めいじ》時代から研《けん》究《きゅう》が進められてきました。現在では耳飾りだとわかっている遺物《いぶつ》も、研究の初期《しょき》の段《だん》階《かい》では別の用途《ようと》に使われたと考えられていました。たとえば、東京《とうきょう》大学に人類学《じんるいがく》教室をつくった坪井《つぼい》正《しょう》五郎《ごろう》さんという大先達《だいせんだつ》は、唇《くちびる》の飾りではないかと想像《そうぞう》したのです。それは二つの理由からでした。まず、イヌイットなどに唇の両脇《りょうわき》に穴《あな》をあけて飾りをつける習慣《しゅうかん》があり、その道具と現在では耳飾りと考えられている縄文時代の土製品《どせいひん》が似《に》ていたことと、縄文時代の土偶の口元に、それをかたどったのではないかと思われる装飾《そうしょく》があったことです。

ところが、坪井さんは耳飾りであろうと考えを改《あらた》めます。それは、やはり土偶の耳の部分に土製品と同じ文様《もんよう》のある装飾が見られたことなどにもとづいたものでした。これが証明《しょうめい》されたのが、大阪《おおさか》府の国府遺跡の発《はっ》掘調査《くっちょうさ》です。1917～18年(大正6～7)に京都《きょうと》大学の濱田耕作《はまだこうさく》さんを中心におこなわれた発掘調査によって、人骨《じんこつ》の耳の部分から土製耳飾りが出土《しゅつど》しました。それは、坪井さんがかつて口唇具《こうしんぐ》と考えたものと寸《すん》分《ぶん》たがわないものでした。国府遺跡からは、このときの調査で石製《せきせい》の耳飾りも人骨の耳の部分から出土しました。同じ遺跡の同じ調査時に、種類《しゅるい》のちがう耳飾りが人骨にともなって出土し、いっきょに問題が解決《かいけつ》したのは、偶然《ぐうぜん》とはいえ驚《おどろ》きますね。

では、なぜ石製品と土製品があるのでしょうか。それは時期《じき》のちがいとされています。石製の耳飾りは玦状耳飾《けつじょうみみかざ》りとよばれていて、丸い輪《わ》のような石製品の一部に切れこ

3号人骨の発掘時のようす。耳のところに石製の玦状耳飾りがあります。

右耳のところに土製耳飾りをつけた状態が想像できる貴重な発見でした。

［上］3号人骨の右耳、左耳のところにあった玦状耳飾り。
左：径5.1cm、右：長5.2cm。
［下］4号人骨の右耳、左耳のところにあった玦状耳飾り。
左：径4.2cm、右：径4.8cm。

みがあり、そこから耳たぶにあけた穴に通してつりさげたもので、縄文早期《そうき》～中期《ちゅうき》に見られ前期《ぜんき》に大流行したものです。それに対して土製耳飾りは中期～晩期《ばんき》に見られ、晩期に大流行しました。鹿児島県域《かごしまけんいき》で早期に土製耳飾りがあるのは不思議《ふしぎ》ですが、いったんなくなって復活《ふっかつ》したのです。

国府遺跡から出土した玦状耳飾りは、女性だけが身につけていましたが、性別《せいべつ》が不《ふ》明《めい》な人骨とともに出土しましたので、男性もつけていたかもしれません。軟玉《なんぎょく》や蛇紋岩《じゃもんがん》という石をみがいてつくったもので、たいへんきれいです。全部で6対12点出土しましたが、できばえに差があります。この遺跡からは耳飾りをつけていない人骨もたくさん見つかりました。縄文時代は平等《びょうどう》な社会だと考えられていましたが、このような差《さ》があることから、身分的《みぶんてき》な差がすでにあったのではないかと考える研究者《けんきゅうしゃ》もいます。

左上：土製耳飾り（径1.8cm）、左下2点：腰飾り、右下2点：玦状耳飾り。ほかにも骨角製の装身具が出土しました。

［画像提供］関西大学博物館

もっと知りたいキミへ!
国府遺跡…大阪府藤井寺市惣社／関西大学博物館…大阪府吹田市山手町3丁目3-35

姥《うば》山《やま》貝塚 千葉県市川市

縄《じょう》文《もん》時《じ》代《だい》の家《か》族《ぞく》をさぐる

伸展葬（体を伸ばした状態で埋葬されること）の人骨。左右は成人男性、中央は子どもです。

アメリカ人のE･S･モールスが1877年（明治10）に東京《とうきょう》都の大森貝塚《おおもりかいづか》の発掘《はっくつ》をおこない、日本に近代的《きんだいてき》な考古学《こうこがく》を根《ね》づかせましたが、それに力をえて1884年（明治17）に「じんるいがくのとも」という団体《だんたい》（1886年に東京人類学会《とうきょうじんるいがっかい》に名称変更《めいしょうへんこう》）が設立《せつりつ》されました。人類学や考古学を研究《けんきゅう》する若者《わかもの》たちの熱気《ねっき》にみちたこの会は毎年、遠足会《えんそくかい》をおこない、遺跡に出かけて小さな発掘をしました。千葉《ちば》県の姥山貝塚への遠足は1926年（大正《たいしょう》15）でしたが、そのとき埋葬《まいそう》された人骨《じんこつ》と石で囲《かこ》んだ炉《ろ》が見つかりました。これが日本で最初の竪穴住《たてあなじゅう》居跡《きょあと》の発掘につながります。

同じ年に東京帝国《とうきょうていこく》大学の人類学教室は、遠足のとき発見された炉跡《ろあと》のまわりを掘り進め、楕円形《だえんけい》の竪穴住居を掘りだしました。この竪穴住居は縄文中期《ちゅうき》のもので、直径《ちょっけい》が6.8 m×6.0 mで、6本の柱《はしら》の穴《あな》や湿気《しっけ》を防《ふせ》ぐための壁際《かべぎわ》の溝《みぞ》などをそなえていることがわかり、縄文時代の人びとのすまいがはじめて明らかにされたのです。結局《けっきょく》、竪穴住居は7棟《とう》見つかりました。この発掘はラジオで放送され、総武線《そうぶせん》の下総中山駅《しもうさなかやまえき》から見物人《けんぶつにん》の行列《ぎょうれつ》ができたそうです。

このときの調査《ちょうさ》で、埋葬人骨《まいそうじんこつ》が全部で16体見つかりました。なかでもたいへん注目《ちゅうもく》を浴《あ》びたのが、竪穴住居の床面《ゆかめん》から出土《しゅつど》した5体の人骨でした。このうちの4体は住居の壁ぎわに折《お》り重《かさ》なっていたために、地震《じしん》で屋根《やね》が倒壊《とうかい》して圧死《あっし》したのだとか、フグ中毒《ちゅうどく》で5人が一度に死んだといった説《せつ》がだされました。しかし、人骨の姿勢《しせい》や竪穴住居の床から複数《ふくすう》の人骨が出土する場合

住居跡で見つかった5体の人骨。

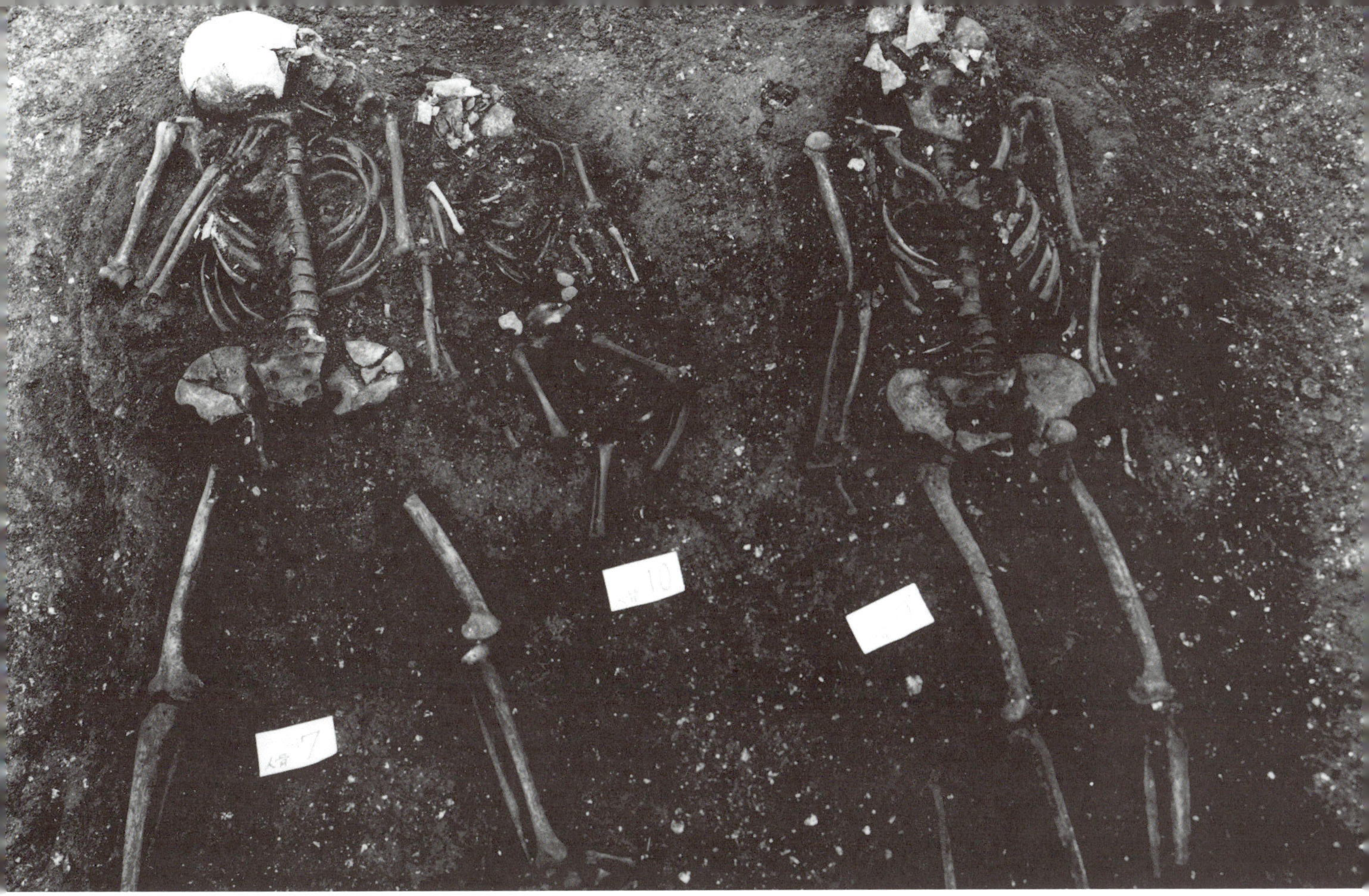

がほかにもいくつかあることなどから、住んでいた人を家の床に埋葬する習慣《しゅうかん》があったのではないかと考えられています。

さらに重要《じゅうよう》なのは、姥山貝塚の竪穴住居にかつて住んでいた人びとの関係がわかった点です。姥山貝塚の５体は、成人《せいじん》男性２体と成人女性２体、子ども１体でした。ほかの例《れい》も多くは５～６体で成人の男女と子どもからなるもので、今でいう核家族的《かくかぞくてき》な小さな家族を単位《たんい》としていたようです。最近、姥山貝塚の５体の歯の計測《けいそく》をして遺伝的《いでんてき》な関係《かんけい》が調《しら》べられ、血縁関係《けつえんかんけい》の強いことが明らかになり、縄文時代の竪穴住居の住人は血縁関係を基礎《きそ》としていたことがわかりました。また、１体の成人男性だけが他の成人との血縁関係が薄《うす》く、子どもと濃《こ》いことから、結婚《けっこん》でよそから入ってきた人と考えられました。

貝塚内にたくさんの人が埋葬されていました。

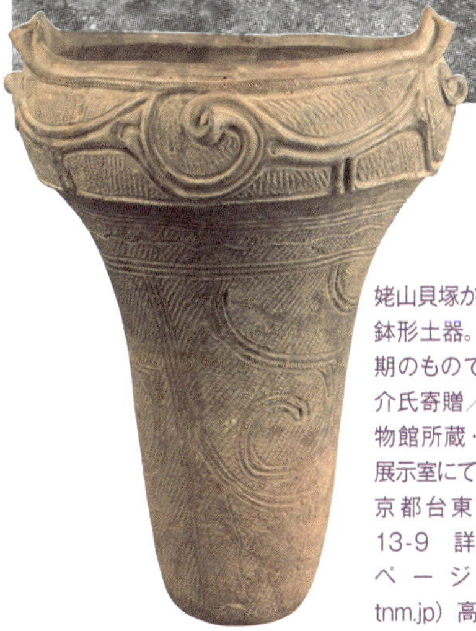

姥山貝塚から出土した深鉢形土器。縄文時代中期のものです。杉原荘介氏寄贈／東京国立博物館所蔵・平成館考古展示室にて通年展示（東京都台東区上野公園13-9　詳細はホームページ http://www.tnm.jp）高さ 40.8cm。

［参考］
『縄文の社会構造をのぞく　姥山貝塚』堀越正行新泉社 2005
［画像提供］
市川考古博物館／東京大学総合研究博物館／明治大学博物館／東京国立博物館

もっと知りたいキミへ！
姥山貝塚…千葉県市川市柏井町　姥山貝塚公演／市川考古博物館…千葉県市川市堀之内２丁目 26-1

2・3・4号人骨3体の合葬墓。

山《やま》鹿《が》貝塚 福岡県遠賀郡

合《がっ》葬《そう》人《じん》骨《こつ》の謎《なぞ》にせまる

福岡《ふくおか》県の遠賀川《おんがかわ》の河口《かこう》にある山鹿貝塚からは、たくさんの人骨《じんこつ》が発見されました。これらの人骨は縄文後期《こうき》で、全部で18体です。そのなかには、２～３体をいっしょに葬《ほうむ》った人骨が3組ありました。複数《ふくすう》の遺体《いたい》を一つのところにいっしょに葬る埋葬《まいそう》の方法を合葬《がっそう》とよんでいます。3組のなかでも、とくに注目されたのが2・3・4号と番号がつけられた3体の合葬墓《がっそうぼ》です。

2号と3号人骨は成人《せいじん》の女性で、4号は乳児《にゅうじ》です。骨の大きさや歯のすり減《へ》り具合《ぐあい》から年齢《ねんれい》が、骨盤《こつばん》の形のちがいなどから性別がわかります。とくに驚《おどろ》かされたのが、成人の骨がたくさんの装身具《そうしんぐ》を身につけていたことです。2号人骨はサメの歯でできた耳飾《みみかざ》りをつけ、シカの角《つの》でつくった棒《ぼう》を2本もっていました。さらに胸《むね》にはたいへん美しい緑色の蛇紋岩《じゃもんがん》でできた飾《かざ》り玉《だま》を下げていました。3号人骨は髪《かみ》にかんざしをさしていました。もっとも髪は溶《と》けてなくなっていましたが。両者《りょうしゃ》ともベンケイガイという二枚貝《にまいがい》でつくった腕輪《うでわ》を両腕にたくさんつけていました。たとえば3号人骨は左腕に15個、右腕に11個です。

この合葬墓は墓地の中心に位置しており、埋葬された人物は、生前《せいぜん》から身につけていた装身具の豪華《ごうか》さから、集落《しゅうらく》で暮《く》らしていた人びとの中心的な存在《そんざい》であったことがうかがえます。腕輪の数の多さからは、体を使う労働《ろうどう》よりも非日常的《ひにちじょうてき》な労働にいそしんでいたことが推測《すいさく》できます。非日常的な労働――それは呪術《じゅじゅつ》というまつりごとであったでしょう。3号人骨の胸を飾《かざ》っていた緑色大珠は、はるか遠く、今の新潟《にいがた》県の糸《いと》魚川《いがわ》を産地《さんち》としたものです。めったに出土《しゅつど》することのない宝物《たからもの》といってもよいもので、この人物がそうとうな権威《けんい》をもっていたことを思わせます。二人の間に葬られた小さな子は、将来呪術者《しょうらいじゅじゅつしゃ》のあとをつぐことが期待《きたい》された、早死《はやじ》にの子どもだったのかもしれません。縄文時代はみなが平等《びょうどう》な社会ではなく、能力《のうりょく》や生まれによって人びとの間に差《さ》のあった社会だったことがわかります。有《ゆう》力者《りょくしゃ》が女性だったこともおもしろいですね。

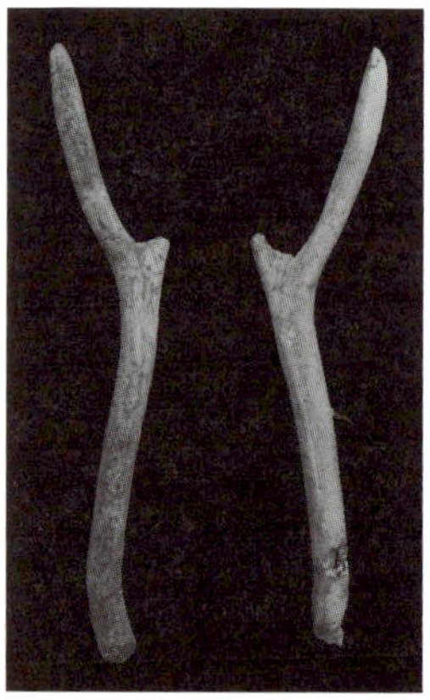

［上］2号人骨の鹿角製の垂れ飾り。長さ2.5cm。［下］17、18号人骨が見つかったときのようす。たがいちがいで合葬されています。

17 号人骨のベンケイガイの貝輪。ヒロクチカノコ貝の連珠状腕輪
も一緒につけていたようすがわかります。

それにしても不思議《ふしぎ》なのは、2号人骨の骨盤《こつばん》が3号人骨の足の下にまとめて置《お》かれていたことです。3号人骨の背骨《せぼね》と肋骨《ろっこつ》はまったく見つかりませんでした。3号人骨の肉が溶けて骨になってから、そのかたわらに3号人骨を埋葬し、それも骨になってから背骨や肋骨をとりだしたようです。何のためにそのようなことをしたのか、大きな謎《なぞ》です。

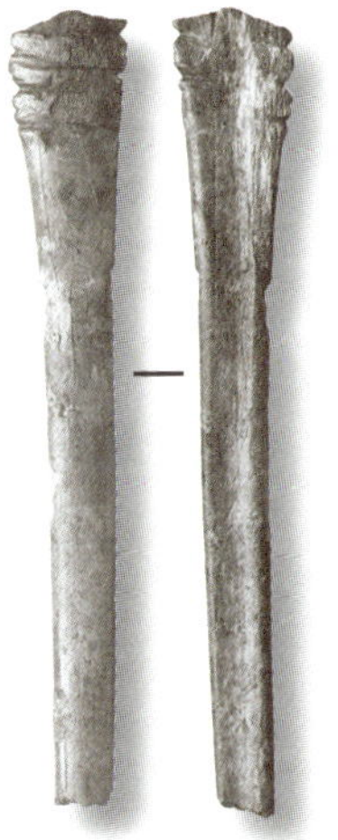

左から、髪飾り（長さ 9cm）、
サメの歯の耳飾り（長さ 3cm）、
蛇紋岩の大珠（長さ 7.5cm）。

[画像提供]
芦屋町教育委員会
九州大学総合研究博物館

もっと知りたいキミへ！
山鹿貝塚…福岡県遠賀郡芦屋町大字山鹿 1200　芦屋歴史の里（芦屋歴史民俗資料館）

研究者インタビュー……5

文系、理系にこだわらないで広い視野を持ち、興味のあるところに進んでいってほしい

太田 博樹　おおた　ひろき

おおた　ひろき……
[遺伝学、分子進化学]
北里大学医学部解剖学・人類学研究室、准教授。東京大学大学院理学系研究科生物科学専攻、マックス・プランク進化人類学研究所（ドイツ）、イエール大学医学部遺伝学研究部門などを経て現職につく。ゲノム人類学の構築に取り組んでいる。

子どものころから理科が好きだったのですか？

子どものころは歴史《れきし》が好きで、図書館に行って、いろんな資料《しりょう》を見て系図《けいず》をつくるのが好きでした。徳川家《とくがわけ》の系図とか。今遺伝子《いでんし》で系図を書くという仕事をしているのも、人の祖先《そせん》をたどっていくとどこにたどり着くんだろうとか、子どものころから興味《きょうみ》があったのですね。

考古学とのかかわりはいつからですか？

大学院《だいがくいん》へ進学するときに、長い進化《しんか》の道《みち》筋《すじ》をＤＮＡ《ディーエヌエー》からたどる研究《けんきゅう》をしている人が日本にもいることがわかったので、その先生のもとで学びはじめました。先生から修士論《しゅうしろん》文《ぶん》のテーマとして遺跡から出た骨のDNA分析《ぶんせき》をやってみないかと言われました。当時は骨からDNAをとるのは一般的《いっぱんてき》ではなかったので、世界でも数例《すうれい》しかありませんでした。まして古い骨からDNAをとるのは新しい学問《がくもん》でしたので、実験《じっけん》の方法も手探《てさぐ》りでした。半年くらいうまくいきませんでした。

でもその後、骨だけではなくて歯からならDNA抽出《ちゅうしゅつ》はうまくいくことがわかってきました。歯はエナメル質《しつ》という成分《せいぶん》のカプセルみたいなものなので、なかの組織《そしき》が守られるのです。

そのとき分析で関わったのは九州《きゅうしゅう》の詫田《たくた》西分《にしぶん》貝塚遺跡といって、甕棺墓《かめかんぼ》と土坑墓《どこうぼ》の両方の墓《はか》があって人骨《じんこつ》も出てきたというところです。ふつうは甕棺墓か土坑墓かどちらかの形式《けいしき》の墓だけが出てくるので、もしかしたら、二つのちがう文化《ぶんか》がここで共同《きょうどう》の生活をしていたのかもしれないと想像《そうぞう》したわけです。

母系遺伝《ぼけいいでん》をするミトコンドリアDNAを調べた結果、甕棺墓は同じミトコンドリアの型《かた》が集中《しゅうちゅう》していて、土坑墓に埋《う》められていた人たちはばらばらでした。それで、甕棺墓に埋められていた人たちと、土坑墓に埋められていた人たちとでは、文化的にも遺伝的にもちがっていたかもしれないということを、墓制《ぼせい》と時代的背景《じだいてきはいけい》の関係で示《しめ》したということでは世界ではじめての研究になりました。

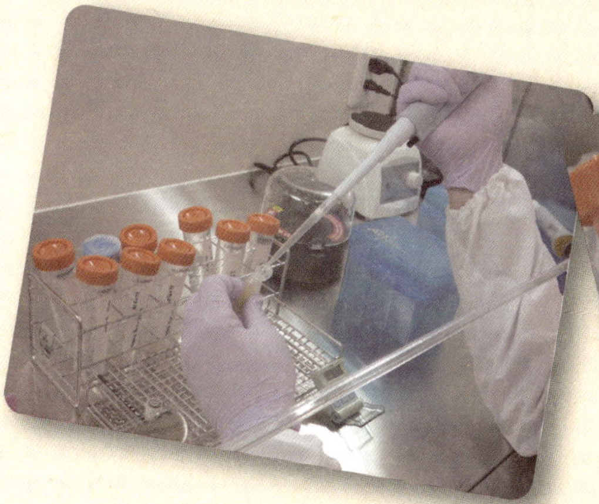

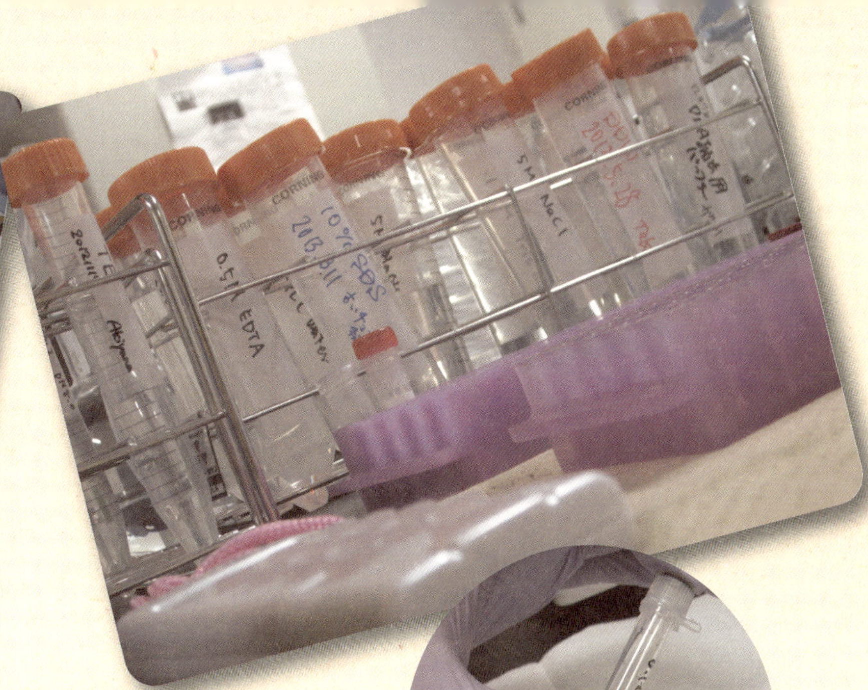

実験台にならぶプラスチック試験管。

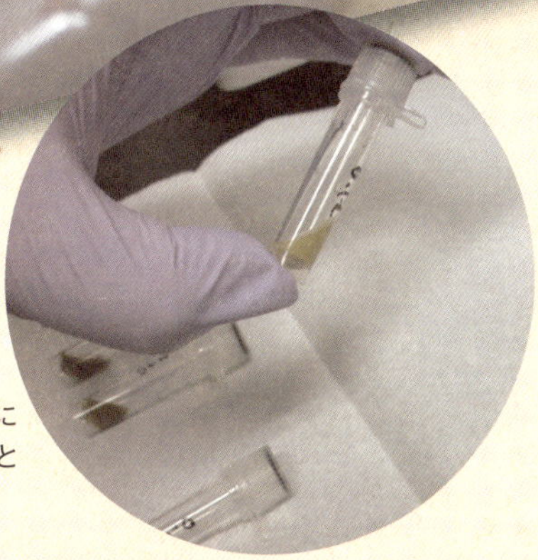

小さな試験管のなかには砕かれた古人骨と反応液。

甕棺墓には遺体《いたい》といっしょに大陸《たいりく》の影響《えいきょう》が強い装身具《そうしんぐ》などが埋葬《まいそう》されていましたが、土坑墓は縄文時代から続く埋葬方法なので、もしかしたら縄文と弥生が共存《きょうぞん》した土地だったかもしれない。でもそれは遺伝子ではわからなかったことなので、考古学《こうこがく》の情報《じょうほう》とうまくコラボレーションできたことが重要《じゅうよう》だったと思うのです。

DNAを調べると何がわかってくるのですか？

今取り組んでいるのは、古人骨《こじんこつ》を使って縄文人や弥生人の全体のゲノムを調べて、縄文人や弥生人、それぞれの時代の人の設計《せっけい》図《ず》を明らかにすることです。そうすることで、家族構成《かぞくこうせい》や血縁《けつえん》関係、婚姻《こんいん》関係が見えてきたら、文化を復元《ふくげん》できるだろうと考えています。今までの方法でミトコンドリアだけを調べていたのではわかりません。あるいは、採集《さいしゅう》狩猟生活《しゅりょうせいかつ》だった縄文から農耕《のうこう》を主《しゅ》とするようになっていく、それがどういうふうに移行《いこう》したのかを考えたり、縄文人と弥生人がどうやって混血《こんけつ》していったかということも調べられるだろうと思います。医学的《いがくてき》な面でも、たとえば遺伝子疾患《いでんししっかん》や遺伝病《いでんびょう》のような遺伝子に関する病気がいったいいつ起こったのか。または高血圧《こうけつあつ》や肥満《ひまん》などもゲノム全体を調べることで解明《かいめい》できると考えています。縄文時代、弥生時代がそれほど劣悪《れつあく》な環境《かんきょう》だったとは思えませんが、それでも今の文明社会《ぶんめいしゃかい》とくらべたら衛生状態《えいせいじょうたい》は悪かったわけで、そういうところで人びとがどうやって生き延《の》びてきたのかを知ることは、私たちが未来《みらい》を生きるヒントにもなる可能性《かのうせい》があります。そういう意味でもこの研究は重要だと思っています。

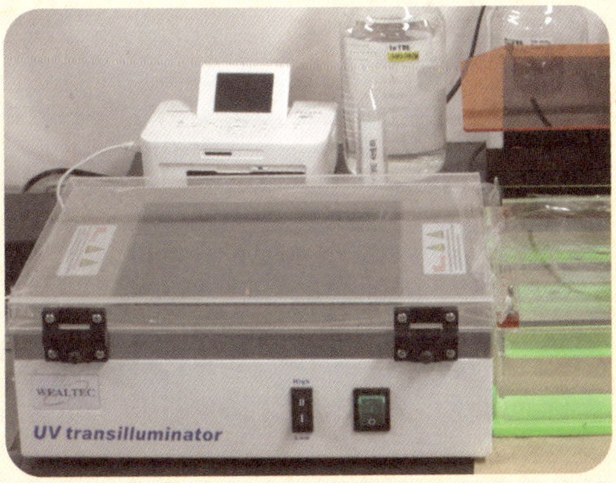

増幅したDNAを視覚化するためのUV照射装置。

保《ほ》美《び》貝塚

愛知県田原市

盤《ばん》状《じょう》に集《あつ》めた人《じん》骨《こつ》が見つかった

愛知《あいち》県渥美半島《あつみはんとう》にある保美貝塚は、たくさんの縄文時代の人骨《じんこつ》が出土《しゅつど》する貝塚として、明治《めいじ》時代から注目されていました。貝塚はA地点、B地点、C地点の3か所にあり、とくにB地点からは変わった埋葬人骨《まいそうじんこつ》が見つかりました。それは、盤状集骨《ばんじょうしゅうこつ》というものです。

盤状集骨とは人骨をよせ集めたもので、すねや太《ふと》ももの長い骨を四角く組んで、そのなかにほかの骨をつめこんだものです。四角形の四隅《よすみ》には頭蓋骨《ずがいこつ》をわざとこわして置《お》いています。また、長い骨を五角形に積《つ》み上げ、隅に頭蓋骨を置いた埋葬も発見され、盤状集骨の一種《いっしゅ》とされています。

なぜ、このような埋葬がおこなわれたのでしょうか。ある人は、縄文人が埋葬のために墓穴《はかあな》を掘《ほ》ったところ、以前に埋葬されていた人骨にあたったので、丁寧《ていねい》に掘り起こして再埋葬《さいまいそう》したのだと考えました。でも、盤状集骨は保美貝塚のほかにも吉胡《よしご》貝塚、伊川津《いかわづ》貝塚、枯木宮《かれきのみや》貝塚、本刈谷《もとがりや》貝塚、宮東《みやひがし》貝塚の愛知県東部の貝塚5か所で9例が見つかっており、きちんと四角く組んで頭蓋骨を四隅に置くなど、同じような方法で埋葬しているので、偶然《ぐうぜん》の結果《けっか》とは考えられません。

これまでにおこなわれた盤状集骨の発掘《はっくつ》調査《ちょうさ》は、残念《ざんねん》ながらかならずしも精密《せいみつ》な調査ではなく、それが偶然のものなのか、あるいは意図的《いとてき》な埋葬方法だったのか考える手がかりは限られていました。そこで、千《ち》葉《ば》県佐倉《さくら》市にある国立歴史民俗博物館《こくりつれきしみんぞくはくぶつかん》では、保美貝塚を発掘調査して確かめようということになりました。2010年（平成22）にB地点を選んで発掘したところ、いきなり盤状集骨にあたりました。

発掘調査は現在も継続中《けいぞくちゅう》ですが、盤状集骨を中心としてその周囲《しゅうい》にさらに人骨を積

現場のようすを記録しながら作業をつづけます。

埋葬されていたイヌの骨。

愛知県刈谷市の本刈谷貝塚で発見された盤状集骨。

2012年の発掘調査のようす。盤状に組まれた人骨が２つならんで出土しました。

み上げたような墓です。少なくとも５体以上は集められています。抜歯《ばっし》をした人骨もいくつかふくまれていますが、どれもみな下あごの犬歯《けんし》を抜《ぬ》くタイプのものでした。これはほかの盤状集骨でも同じ傾向《けいこう》があります。抜歯は生前《せいぜん》におこなったもので、その抜き方が同じ人は、おそらくなんらかの同じグループに属《ぞく》していたと思われます。つまり盤状集骨は、埋葬の際《さい》に同じグループ同士《どうし》の人骨が集められて埋葬されたわけで、やはり偶然の寄《よ》せ骨《ほね》ではないことがそこからもわかります。

保美貝塚の盤状集骨の人びとはいずれも当時の縄文人の平均身長《へいきんしんちょう》よりも背《せ》が高く、がっしりした特徴《とくちょう》をもっていることがわかりました。以前に保美貝塚から出土していた盤状集骨も、やはり体格《たいかく》のよい人びとだったことがわかっています。これらの人びとが生前、どのようなグループだったのか、人骨のDNAの分析《ぶんせき》や炭素《たんそ》や窒素《ちっそ》の同位体比《どういたいひ》を調べることで、遺伝的《いでんてき》な関係《かんけい》、生前の食べ物の傾向《けいこう》などを研究《けんきゅう》する予定《よてい》です。期待《きたい》していてください。

愛知県田原市の伊川津貝塚から見つかった、叉状研歯という歯に切りこみを入れた人の骨。

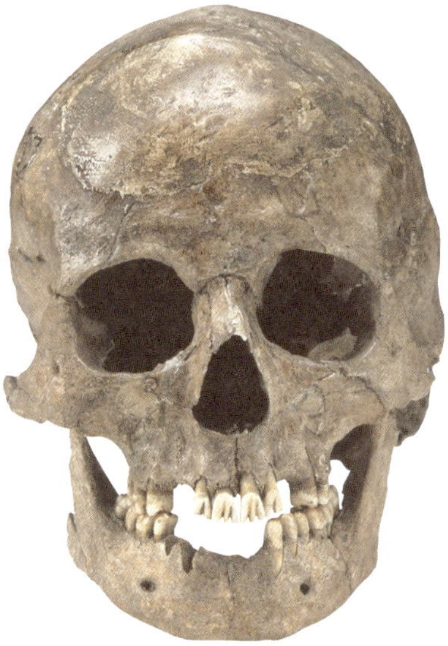

保美貝塚から見つかったヒスイ製品。下のものは叉状研歯をかたどったとされています。長さ1.6cm（藤巻氏所蔵）

［画像提供］
田原市教育委員会／東京大学総合研究博物館／刈谷市教育委員会／愛知県総務部法務文書課県史編さん室

もっと知りたいキミへ！
保美貝塚…愛知県田原市保美町

おわりに

先日、新聞を広げたところ、古墳《こふん》時代の人骨《じんこつ》が鉄《てつ》の甲《よろい》をつけたまま地中から発見されたという記事が目にとびこんできました。その人の上には、古墳時代の6世紀《せいき》はじめ頃《ごろ》に噴火《ふんか》した榛名山《はるなさん》から噴出《ふんしゅつ》した火山灰《かざんばい》が積《つ》もっていたそうです。人骨が出土したのは群馬《ぐんま》県渋川《しぶかわ》市の金井《かない》東《ひがし》裏《うら》遺跡です。こうした例《れい》は、日本ではじめてでした。

死因《しいん》で有力《ゆうりょく》なのは、榛名山の火砕流《かさいりゅう》に飲みこまれたのだろうという“災害遭遇説《さいがいそうぐうせつ》”です。すぐに思い出したのは、2011年3月11日の東日《ひがしに》本大震災《ほんだいしんさい》ですが、火砕流ということでは1990年の長崎《ながさき》県の雲仙《うんぜん》普賢《ふげん》岳《だけ》の大噴火でした。群馬県渋川市付近は、火山灰が大量に降り積もっていて、それをとりのぞいたところ、古墳時代のムラがそっくりそのまま出てきた例もあります。

こうしたことに思いをめぐらせてみると、私たちは二つのことに気がつきます。一つは、1,500年も前の出来事《できごと》なのに、災害に遭遇したという事実を通じて、とても身近に思えてくることです。6世紀頃に付近《ふきん》一帯《いったい》は壊滅状態《かいめつじょうたい》だったでしょうが、すぐ上には畑がつくられていて、そののちみごとに復興《ふっこう》して、今日の群馬県の文化《ぶんか》があります。災害はある意味では不可避《ふかひ》の面がありますが、大事なことは「災害は忘《わす》れたころにやって来る」（寺田寅彦《てらだとらひこ》）と意識《いしき》してふだんの備《そな》えをするとともに、おこったことにどう対処《たいしょ》していくか、という選択《せんたく》のしかたでしょう。

歴史《れきし》というものは、小さな選択、大きな決断《けつだん》の積み重《かさ》ねによって成《な》り立っています。過去《かこ》をふりかえりながらその時どきの選択に評価《ひょうか》を下していくことができるのは、未来《みらい》に生きている、私たちだけです。過去をふりかえることは未来を築くためにもとても大事なことだということです。とくに文字のない時代の過去をふりかえるために、考古学の役割《やくわり》は

とても大きいということです。

そして、もう一つは、甲をつけた人骨が見つかったのは、全国ではじめてだという事実です。古墳時代の甲は、ふつう古墳に埋葬《まいそう》された人の供《そな》えものとして、遺体《いたい》とともに埋葬された状態《じょうたい》で発見されます。甲は使っていたことにむしろ大きな意味がありますが、それがわかる状態で出土したためしがなかったものですから、今回の発見にみんな驚《おどろ》いたのです。それは、渋川市の過去が火山灰によってパックされたという、特殊《とくしゅ》な事情《じじょう》によるものでした。ある意味で特殊性《とくしゅせい》のなせるわざであり、どんなところでもこのような発見があるわけではありません。まさに日本のポンペイといってもよいでしょう。

群馬県はもともと古墳からたくさんの甲が出土することで知られていました。ヤマト王権《おうけん》との結びつきが強く、そのもとで個性《こせい》を発揮《はっき》しました。甲をつけたままの人骨の出土も、偶然《ぐうぜん》の結果とばかりは言い切れません。つまり、地域に根《ね》ざした独自性《どくじせい》が、地面の下に埋《う》もれているのです。これは埋もれ方ばかりでなく、文化そのものも地域ごとにさまざまな個性があることに通じています。全国の各地で、土地に根ざした文化が昔から築《きず》かれてきたことが大事で、考古学の役割は、そのような地域の個性を掘りおこすことでもあるのです。

日本列島の旧石器時代と縄文時代の遺跡を、あわせて50か所とりあげて解説《かいせつ》してきました。みなさんの住んでいる家の近くの遺跡はありましたか?　いま、全国のいたるところで発掘調査がおこなわれ、とくに大事な遺跡は保存《ほぞん》されています。ここでとりあげた遺跡のなかにも、保存されて史跡《しせき》公園になっているものもあります。そこにはその遺跡から出土した遺物や、出てきた施設《しせつ》が写真パネルなどで展示《てんじ》してあるでしょう。一度、出かけてみてください。

さくいん・解説

あ

明石原人
あかしげんじん

……16

1931年（昭和6）4月18日、兵庫県明石市の西八木《にしやぎ》海岸で直良信夫が化石人骨の一部を発見したが東京大空襲で焼失した。残されていた石膏模型《せっこうもけい》を人類学者の長谷部言人《はせべことんど》が研究し「明石原人」と命名した。1985年（昭和60）国立歴史民俗博物館（団長・春成秀爾《はるなりひでじ》）による再発掘調査がおこなわれたが、原人の骨であると確定できる遺物は見つからず謎は残されたままである。

漆
うるし

……60、62、80、104

ウルシノキから採取される樹液。塗料として利用する

か

火焔土器
かえんどき

……58

燃え上がる炎のような形をした装飾をもつ縄文時代中期を代表する土器の名称。1936年（昭和11）新潟県長岡市の馬高《うまたか》遺跡で最初に発見され、近藤篤三郎《こんどうとくさぶろう》氏によって命名された。鶏《けい》冠状《かんじょう》把手《とって》、鋸歯状《きょしじょう》突起《とっき》などの特徴をもつ。

環状集落
かんじょうしゅうらく

……54、56

竪穴住居、掘立柱建物を同心円状《どうしんえんじょう》にならべた縄文時代の集落のことで、広場や墓をとりまくようにつくられた。

関東ローム層
かんとうろーむそう

……12

関東地方の台地などをおおう赤土の層。第四紀（約258万年前～現在）更新世《こうしんせい》の時期に富士山や浅間山などの火山灰《かざんばい》によってできた。

旧人
きゅうじん

……18

原人より新しく、新人より前の時代に生きていた旧石器時代の人類のこと。

屈葬
くっそう

……98、106、108

手足を折り曲げて埋葬する方法。

原人
げんじん

……16、18

ジャワ原人や北京原人など、初期の人類のこと。

黒曜石
こくようせき

……12、27、28、34、84、86、88

ガラス質の火山岩。黒色または暗灰色、赤褐色。石器の原材料として使われた。

骨角器
こっかくき

……73、74、106

動物の骨や角などでつくられた道具。縄文時代には狩りのための道具として用いられたが、弥生時代になると工芸品などとして利用された。

さ

細石器・細石刃
さいせっき・さいせきじん

……12、28、30、36、37

長さ2㎝ほどに細く打ち欠いた石の刃。木や骨でつくった柄《え》に溝を掘り、いくつもはめこんで使ったと考えられている。

再葬墓
さいそうぼ

……50、96

遺体をいったん埋葬し白骨化させたあと、その骨を再び埋葬した墓のこと。

照葉樹林
しょうようじゅりん

……66

一年を通して葉を落とさないツバキ、シイ、クスノキなどの常緑広葉樹からなる樹林。日本では九州・四国地方に見られる。

現生人類
げんせいじんるい

……18、30、36、46

約三万年前から現在の人類までのこと。原生《げんせい》人類《じんるい》ともいう。ホモ・サピエンス。

ストロンチウム

……98、109

金属元素《きんぞくげんそ》の一つ。原子《げんし》番号38。カルシウムのように骨にとりこまれる。放射性《ほうしゃせい》ストロンチウムは骨に蓄積《ちくせき》されるので人体に有害である。

た

打製石斧
だせいせきふ

……13、35、50、85

石を打ち欠いてつくった石器で、おもに樹木の伐採《ばっさい》や土を掘る道具として使われた。

竪穴住居
たてあなじゅうきょ

……42、48、50、52、54、56、60、64、86、90、114

床面を地表より下につくった半地下式の住居。地面を円形、または方形に掘って床とし、上部に屋根をかけた建物。縄文・弥生・古墳時代に広く行われ、近世の民家にもその伝統が残る。

炭素14年代測定法
たんそじゅうよんねんだいそくていほう

……44、46、81

炭素には ^{12}C、^{13}C、^{14}C という3つの同位体がある。そのうち炭素14（^{14}C）だけが5730年の半減期《はんげんき》で減少《げんしょう》していく。そのため、何年前の炭素なのか推測することができる。

土偶
どぐう

……42、47、78、83、90、92

人の形をした土製の焼き物で、女性や精霊を表現したものが大多数をしめるが動物をかたどったものも発見されている。日本最古のものは三重県松阪市の粥見井尻《かゆみいじり》遺跡から出土した、女性を表現した縄文時代草創期の土偶で長さ6.8㎝、幅4.2㎝、厚さ2.6㎝。

土坑
どこう

……36、50、54、64、96、100

遺跡の穴のうち、人が掘ったもので使いみちが見極めにくいもの。

な

ナイフ形石器
ないふがたせっき

……13、21、24、27、30、32

後期旧石器時代を象徴する石器。日本列島では、杉久保・東山型ナイフ形石器文化圏と、茂呂・国府型ナイフ形石器文化圏の二つにわけられる。

は

抜歯
ばっし

……82、99、121

生きているときに健康な前歯を抜く風習《ふうしゅう》のこと。日本では縄文時代後半から弥生時代前半にかけて成人式などの通過儀礼《つうかぎれい》でおこなわれていたと考えられているが、世界には今でも慣《かん》習《しゅう》としておこなっている民族がある。

浜貝塚
はまかいづか

……71

浜辺の近くの低い土地につくられ、住居跡など生活の痕跡《こんせき》がほとんど見つからない貝塚のこと。限られた種類の貝殻だけで貝層がつくられていることや、火を焚《た》いた跡も残っていることから、貝類の加工場だったと考えられている。

浜北人
はまきたじん

……16

1962年（昭和37）に静岡県浜北市（現在の浜松市浜北区）で発見された人骨。炭素14年代測定法によって約1万4,000年前の人骨であることが証明された。

氷河期
ひょうがき

……15

地球全体の気候が寒冷《かんれい》になり、北極・南極地方や高山地帯に氷河が広くおおった時代のこと。

氷期
ひょうき

……20、45

氷河期のうち、特に気候が寒冷で中緯度地帯《ちゅういどちたい》に氷河が広がった時期のこと。氷河期のなかでも暖かい時期を間氷期《かんぴょうき》とよぶ。

ベンガラ

……37、61、80、104

赤色顔料で、土にふくまれている酸化第二鉄《さんかだいにてつ》のこと。

掘立柱建物
ほったてばしらたてもの

……43、50、54、60

柱を支《ささ》える石を置かずに、柱の根をそのまま地面に立てて、地面を底床とした建物。縄文時代から近世まで長く続いた建築方式で、竪穴住居や高床倉庫などもこれにあたる。

ま

ミトコンドリアDNA

……100、118

細胞内小器官《しょうきかん》のミトコンドリアがもつDNAのこと。母親のものだけが子どもに受け継がれる（母系遺伝《ぼけいいでん》）。

ら

落葉広葉樹林
らくようこうようじゅりん

……44、49、51、62、66

ブナ、ミズナラ、カエデ、トチノキなど一年のうちある時期に葉を落とす、広く平たい葉をもつ樹林のこと。日本では北海道・東北、本州では標高約1000m以上に見られる。

礫器
れっき

……19

自然の石を打ち欠いて、もとの形を変えない程度に、割れた部分を刃に加工したような原初的《げんしょてき》な石器。

ローム層
ろーむそう

……26、35、64、94

砂・シルト・粘土をほぼ同じ量ずつふくむ土の層のことを言うが、日本では火山灰などが堆積してできた赤土の層をこうよぶ。

人名

相澤忠洋
あいざわ　ただひろ……12

1926-1989　独学で考古学を学び、1946年（昭和21）群馬県岩宿の関東ローム層から石器を発見、日本に旧石器時代があったことを証明した。

大山盛保
おおやま　せいほ……16

1912-1996　港川人骨の発見者。1967年（昭和42）、購入した石材からイノシシの化石を発見したことから港川フィッシャー遺跡周辺で発掘作業を始め、化石人骨を発見した。

清野謙次
きよの　けんじ……98

1885-1955　病理学者、人類学者。先史時代の人骨を収集・分析し、現代日本人とアイヌの祖先を日本石器時代人とする原日本人説を提唱した。

芹沢長介
せりざわ　ちょうすけ……12

1919-2006　日本の旧石器時代、縄文時代研究の第一人者。主な調査地は、夏島貝塚《なつしまかいづか》（神奈川県）、福井洞窟《ふくいどうくつ》（長崎県）岩宿《いわじゅく》遺跡（群馬県）岩戸《いわと》遺跡（大分県）など。

杉原荘介
すぎはら　そうすけ……12、115

1913-1983　戦後日本考古学会の中心的存在として活躍した考古学者。登呂《とろ》遺跡（静岡県）の発掘調査の中心となる。著書に『日本農耕文化の形成』などがある。

佐々木忠次郎
ささき　ちゅうじろう……40

1857-1938　昆虫学者。近代養蚕学《きんだいようさんがく》・製糸学《せいしがく》の開拓者。東京大学在学中にエドワード・S・モールスらの指導を受け、貝塚の発掘調査に参加した。

佐原　眞
さはら　まこと……50

1932-2002　弥生時代を中心とした幅広い研究と、やさしい語り口で考古学の普及啓発《ふきゅうけいはつ》に取り組んだ。著書に『大系 日本の歴史1日本人の誕生』（小学館）などがある。

戸沢充則
とざわ　みつのり……24

1932-2012　砂川《すながわ》遺跡（埼玉県）鷹山遺跡群《たかやまいせきぐん》（長野県）など旧石器・縄文時代の遺跡の発掘調査・研究の第一人者。2000～2002年、旧石器ねつ造《ぞう》事件の検証調査《けんしょうちょうさ》にあたった。

直良信夫
なおら　のぶお……16

1902-1985　29歳の時、兵庫県明石市の西八木海岸で化石人骨を発見、のちに明石原人として有名になる。その後、栃木県葛生町で人骨を発見し「葛生原人《くずうげんじん》」と命名した。

藤森栄一
ふじもり　えいいち……58

1911-1973　尖石《とがりいし》遺跡、井戸尻《いどじり》遺跡など諏訪地方の遺跡を中心に発掘調査をおこない、「縄文農耕論」を提唱した。多くの論文・著作を発表し、一般の人にも考古学のすそ野を広げる大きな貢献をした。

坪井正五郎
つぼい　しょうごろう……112

1863-1913　日本の人類学・考古学の先駆者。日本の石器時代人＝コロボックル説を主張したことで有名である。

濱田耕作
はまだ　こうさく……112

1881-1938　1916年（大正5）日本初の考古学講座が京都帝国大学文科大学に開設され、その担任となる。日本をはじめ中国・朝鮮の遺跡発掘調査を多数手がける。

[著] **設楽 博己** したら ひろみ

1956年群馬県生まれ。筑波大学大学院歴史人類学研究科博士課程(文化人類学専攻)単位取得退学。国立歴史民俗博物館考古研究部助教授、駒澤大学文学部教授を経て、現在、東京大学大学院人文社会系研究科考古学研究室教授。博士(文学)。著書:『弥生再葬墓と社会』(塙書房)『縄文土器 晩期 日本の美術12』(至文堂)編著:『原始絵画の研究 論考編』(六一書房)『三国志がみた倭人たち　魏志倭人伝の考古学』(山川出版社)共著:『列島の考古学 弥生時代』(河出書房新社)『稲作伝来 先史日本を復元する4』(岩波書店)『縄文社会と弥生社会』(敬文舎)などがある。

[イラスト] **たかおか ゆみこ**

梅花女子大学児童文学科で絵本、児童文学、図書館学を学ぶ。現在、書籍・教科書・雑誌のさし絵などを中心に活動中。

遺跡から調べよう! ❶ 旧石器・縄文時代

発行 ―――――― 2013年7月31日　第1刷
2023年1月13日　第3刷
著 ―――――― 設楽博己
絵 ―――――― たかおかゆみこ
ブックデザイン ―――― 須藤康子+島津デザイン事務所
発行所 ―――――― 株式会社童心社
〒112-0011　東京都文京区千石4-6-6
電話　03-5976-4181(代表)
03-5976-4402(編集)
印刷 ―――――― 株式会社光陽メディア
製本 ―――――― 株式会社難波製本

Published by DOSHINSHA Printed in Japan.
ISBN978-4-494-01398-2
NDC.210　28.0×21.5cm　128P
https://www.doshinsha.co.jp/

この本で取り上げる旧石器・縄文時代の遺跡